松浦彌太郎說：
假如我現在25歲，
最想做的50件事。

松浦弥太郎

MATSUURA YATARO

松浦彌太郎說：假如我現在25歲，最想做的50件事。

MATSUURA YATARO

松浦彌太郎

—給台灣讀者的勉勵序文—

守護你的一張備忘錄

每當我開始嘗試新事物時，我會在心中想像今後的自己，同時也反省過往的自己。

完成的事、沒有完成的事，開心的事、悲傷的事，還有大大小小的麻煩……回想這些事情時，我的腦中會浮現當時的種種情景。當然，在這之中有褒也有貶、有感到羞愧的事、也有無法向人啓齒的事。然而，只要讓這些事情稍微停駐心中，並解開癥結，心情就會變得清爽愉悅。

商場上有所謂的PDCA，指的是反覆進行「企劃、執行、審核、改善」等步驟，這些當然也能套用在自我成長規劃上，而最重要的步驟，就是審核與改善。

我會將自己覺得重要的事、想做的事、想學習的事、想注意的事，寫在一張紙上。把自己察覺到的小發現逐條記下，再當作禮物送給想要開始嘗試一些新事物的自己。沒錯，這麼做是爲求改善。

這習慣已經持續了十年以上，因此，我已經擁有一份備忘錄，還會不斷地補上新的發現或刪減，隨時進行更新。

學生時代用信紙寫信時，不會用信封，只會像摺紙一樣，將信紙摺成小小一張，大家應該都有這樣的回憶吧。我會將新的備忘錄像學生時期那樣摺成一小張，當作護身符夾進記事本裡。換言之，這東西是爲了自己所做的護身符。不花錢買，而是自己動手做，是一件令人開心的事。

順道一提，我會逐項記錄這些事，如下所示，供大家參考：

●不急、不求、不發怒

- 好好休息，盡情玩樂
- 早睡早起
- 明確表達自己的意思
- 別急著抱怨
- 遵守約定
- 常懷感謝
- 不貪心
- 謹言慎行
- 常保笑容
- 凡事未雨綢繆
- 更坦率
- 今天也要用心度過

●切忌不懂裝懂
●給自己找樂子
●待人更親切……等。

雖然都是理所當然的事，也淨是一些羞於向別人提起的事；但所謂的成長，就是提升理所當然之事的精確度。唯有如此，才能有新的發現、新的挑戰。

一年之中，難免會遇到令人沮喪的事情，此時，不妨打開爲自己做的護身符，你將發現自己還有哪一項沒做到，有哪一項潛藏著解決問題的建議。發生什麼事時，這張備忘錄能夠確實地幫助自己，成爲一劑強心針。

回歸正題，無論是日常生活還是工作，我們往往熱情地投入企劃與執行，卻容易忽略審核與改善。因此，開始嘗試新事物時，絕對不能缺少「改善」這個燃料。

備忘錄既是改善方案，也是護身符，它一定能成爲支持你我的一股力量，也能成爲將迷惘的自己，導向正確之路的地圖。

松浦彌太郎

Photo Credit by
Kazufumi Shimoyashiki
（下屋敷和文）

前言

我的出發點，其實是一連串的失敗。有別於大多數人高中、大學畢業後，便進入職場工作，高中輟學的我連一句英文也不會說，便遠渡重洋到美國，迎接二十世代的人生。

從時薪兩美元的工作開始，我打過各種工，終於開了一家小書店，開始進入出版業，到現在成爲「COW BOOKS」的負責人，並擔任《暮しの手帖》的總編輯。

我絕對不是一擲千金的大夢想家，而是累積每一個小成功，才造就現在的我。

一路走來，受到周遭前輩的諸多教誨，也從不同的經驗累積各種學習法則，我希望以這些事物爲基礎，集結成一本教導現在25歲左右的年輕人，如何享受美好生活，以及如何面對工作的教戰手冊。

25歲的年輕人還是職場菜鳥，不，我更喜歡「新鮮人」這字眼。這是一段對未來感到惶惶不安、沒有夢想、無論面對工作或是自己都很迷惘的時期。因此，我試著以身為新鮮人的你所應具備的視野與高度，認眞思考：「如果我現在25歲，最想做的50件事」。

以此為前提，我想先將自己25歲時，如果能知道該怎麼做會更好的三大要點與現在的年輕人分享。若能讓你銘記於心，將是我莫大的榮幸。

要點1『絕大多數求才若渴的人，隨時都在尋覓千里馬』

經營者與位居管理階級的人，總是在尋覓人才。即便去咖啡廳或酒吧放鬆，也會留意是否有好人才，一旦發現，自然不會放過。

所謂好人才，就是不會滿足於現狀、有實力的人。譬如：遇到突發狀況，懂得隨機應變的人；態度積極，體貼別人的人；總是笑臉迎人，予人良好印象的人。但意外地，這樣的人才少之又少。我有一位不便具名的年輕企業家朋友，就擁有好幾位這樣的員工。我問他：「你是在哪裡找到他們的？」他說，其實多半是在餐廳、居酒屋或健身房等地方遇到的。

這些人都不是透過正式管道錄取的員工，而是藉由偶然相識的機緣，所拔擢的優秀人才。好比你一時之間找不到適合的工作，只好去打工；但其實原本工作的地方就有許多機會，只是人生閱歷尚淺的你沒有發現而已。

主動關心別人，就能得到被他人賞識的機會。也許在意想不到的情況下，有人正在關注你。這是我希望年輕人明白的第一個要點。

要點2『人們隨時都在找尋能幫助自己的事物』

雖然與第一點有點類似，但這是泛指工作、生意往來、以及人際關係的共通道理。

就像走進便利商店，即使沒看到自己想買的物品，也會隨便買些什麼一樣。換句話說，我們總是在找尋能夠在自己又累、又渴之時，有助於回復活力的東西。就算去超市選購晚餐要烹煮的蔬菜、肉類等食材，也是在找尋能夠解決問題的事物。

人們花錢、花時間，都是為了有助於己。無論是為了逃避現實，還是投資自我，都是把金錢和時間耗費在能夠幫助自己的事物。

人際關係也是如此，我們只想跟能幫助自己的人來往，找尋可以傾聽自己的想法、認同自己的人。因此，人們會將金錢和時間花在對自己有益的人事物，只要明白此道理，便能立刻洞悉什麼東西能夠在這時代大賣，以及其暢銷的原因。

要點3『收入多寡，與帶給他人感動的質量呈正比』

我想，大部分的人在25歲左右時，都還是個一心期盼能多點收入的職場新鮮人。因此，我希望大家明白的第三個要點，就是收入多寡究竟與什麼事物呈正比？

不是時間、不是努力，也不是運氣；而是與帶給他人感動的質量呈正比。簡單來說，就是能夠帶給他人多少感動。

若你現在的收入不高，不妨省思是否被你感動的人不夠多。我認爲，待在家裡做的工作，收入肯定不高。倒也不是說這樣的工作不好，只是帶給別人感動的質量相對也不高。

相反地，活躍於國際體壇的一流足球選手，之所以一年大賺數十億，是因爲世上多不勝數的人都爲他出神入化的球技而感動。收入多寡與公不公平無關，而是與能帶給多少人喜悅、帶給多少人感動呈正比。這是一種人間機制。

這三個要點看似簡單，其實非常重要。年輕時的我不懂，25歲的你應該也不明白，請將這三個要點銘記於心，思考「50件自己想做的事」吧！

25歲正值人生起飛階段，也是認眞思考自己想做些什麼的黃金時期。若這本書能成爲你的人生良伴，將是我莫大的榮幸。

目錄

以成為社會的齒輪為傲。

01／50

常有人說：「反正我只是社會的一個齒輪罷了」。「齒輪」兩字給人消極的印象；但對我來說，這是一個非常積極的字眼，若能成爲社會的一個小齒輪，是一件非常棒的事。

所以，我想先從成爲社會的小齒輪做起。

爲什麼我會這麼想呢？因爲基於「前言」提到的三個要點。容我再強調一次，「世上絕大多數求才若渴的人，隨時都在尋覓千里馬」、「人們隨時都在找尋能幫助自己的事物」、「收入多寡，與帶給別人感動的質量呈正比」。世上所有事物皆是以這三點爲基礎，只要有這三大齒輪，每個人都能讓身爲小齒輪的自己，抓到如何與大齒輪契合的訣竅。或許這種說法有點抽象，但社會結構就是如此，不是嗎？

雖然25歲的你已是成年人，但還不足以獨當一面。一想到身爲社會一份子該如何貢獻己力、對社會有所幫助時，就會意識到：「自己是社會的一個小齒輪。」我認爲這個意識正是開創未來的底蘊。

雖然只是一個小齒輪，還是要思考如何與比自己大一點的齒輪，甚至與社會這個大齒輪契合。正因爲我們都是社會的一份子、組織裡的小齒輪，才能參與所有社會活動。不妨將此意識當作一個目標，想像自己是公司某部門的齒輪吧！唯有成爲齒輪，才能形成一股動力，並想像即便是多麼渺小的存在，都要成爲公司這個大齒輪的能量來源。

除了社會之外，還能變成什麼齒輪呢？

一個人無法構成社會，也無法建立家庭關係與人際關係。每個人都必須與別人互相配合，這與成爲社會的齒輪，學習如何與社會契合，「才能在世上生存」的道理是一樣的。

這就是我的人生信念，也希望年輕人能努力找到如何契合的訣竅，畢竟齒輪的品質只能靠自己努力磨亮。我想，設法不讓齒輪耗損的整備工夫，就是面對工作、面對人生的一種態度。

我到現在還是認爲自己只是社會的一個小齒輪。就算回到25歲，我也還是會這麼想吧！而且越年輕，越要有這般認知才行。

從消極的齒輪變成積極的齒輪，只要有此意識，便能認知自己是社會的一份子。有此認知就是一種自我成長。比起「自己只是一個小齒輪」的消極想法，積極面對自己是小齒輪的事實，才能爲人生加分。

因此，我想先從成爲社會的小齒輪做起，總有一天，一定能成爲最棒的齒輪。

累積「小小的成功」

02／50

要想闖出一番成就，努力的過程很重要。就像時薪1千日圓的人，不可能突然調升成時薪10萬日圓；但若是歷經從1千日圓調升成2千日圓，再調升成5千日圓的過程，時薪變成10萬日圓也就不足爲奇了。也許你很懷疑眞的會有這種事嗎？確實有。我認爲累積小事等同於累積小成功，無論是誰都能嘗到成功的滋味。

這與第三個要點「收入多寡，與帶給別人感動的質量呈正比」有關，而且感動的量與質一樣重要。

那麼，我們來思考一下什麼是「質」吧。量與質息息相關，只要質好，量也會增加。也許你以爲高品質是什麼了不起的事；其實，所謂的高品質就是除了一般常識與能力之外，也兼具專業能力的意思。維持一定品質所得到的成功，絕對能夠讓你成長。接下來的說明對於不擅長數理的人來說，可能較難理解，若以圖表標示品質成長，便能顯示出「指數函數」的變化。也就是說，顯示出的不是線性函數（一次函數）的直線，而是曲線。

圖表的橫軸代表時間，縱軸代表成長幅度。一開始明明耗費不少時間，顯示出來的卻始終是低空掠過，呈現微幅成長；但從某個關鍵點開始，成長幅度卻在極短時間內飆升，成了急遽上升的曲線。

任誰都有過明明拚了命地努力，卻無法發揮實力，得不到評價的低潮期。就算苦撐下去，似乎也得不到周遭認同，因而猶豫是否要放棄。這是迷惘的25歲，最常遇到的人生難題。其實，只要持續積極向前，就算成長幅度不大也是成長，所以別急著否定自己。堅持並不容易，忍耐是必備工夫。

我發現指數函數的曲線原理，也適用於人際關係。雖然人與人之間的相處要花時間經營，但往往會突然從某個時期開始變得非常親密。我想，大多數人都有此經驗。

堅持很重要，唯有堅持，才能拉開與別人的差距；不過，千萬不能將「重複」誤解成堅持。好比每天重複做一件單純的工作，很容易讓人誤以爲是堅持，但這其實是你意想不到的陷阱。

假設你被分配到將資料裝入信封的工作，你必須重複同一個步驟，於是你開始思考：如何能早點完成？如何能更完美？像這樣邊發揮創意，邊完成一件工作，就是在「累積小小的成功」。不但能提早完成，還做得更好，更能提升品質。

這種小成功絕對不是靠一成不變的「重複」所能達到的。即便一再重複，「決勝點」永遠也不會到來。我常將「用心」掛在嘴邊，意即究竟你有多麼熱愛眼前這份工作。我希望年輕的你能夠明白，愛與決勝點其實是相輔相成的關係。

訓練自己在三個月內成為領導者

03
／
50

年輕時的我專挑別人不想碰的工作，因爲我認爲，大家擠破頭想進去、競爭激烈的職場肯定勝算不高，所以選擇大家不想做的工作，競爭對手也比較少。

當時，我曾在搬家公司、工地現場打工，也做過處理動物屍體、清掃獨居老人過世後的住所等。因爲願意從事這些工作的人不多，所以很容易得到成就感。只要贏得他人的認同，再花點巧思、找到新方法，便能讓自己充滿自信。雖說是清掃工作，才踏入職場三個月的我便順利升爲組長，因爲我不光是完成別人交付的任務，而是「用心」完成工作，提出各種創新作法，讓自己脫穎而出。

即使是毫不起眼的事，只要從中獲得成就感，便能產生自信。自信十足地向別人介紹自己的工作，這般樂在其中的模樣勢必能贏得他人的信賴，促使這些小成功成爲連結更多機會的契機。

只要連結更多機會，累積小成功、小實績，就會有開花結果的一天。即便是大家不想碰的無趣工作、麻煩工作，若能率先採取行動，並累積實際績效，便能擴大自己的存在感，成爲別人心目中的好幫手。因此，「贏得先機」這句話，是幫助我擴大自身存在感的利器。

記得我在工地打工時，一心想成爲跑腿專家。午休時間一到，我們這些打工的人就必須幫忙跑腿買罐裝咖啡、香菸，被叫去跑腿的人往往一臉不情願，但我總是主動回應：「好！我去買！」然後飛快跑去離工地現場有段距離的商店。其實他們並沒有叫我用跑的，我只是想努力做些別人不想做的事。

於是，我成了大家眼中做事非常積極的小子，也得到更多更好的工作機會。沒錯，因爲我贏得先機。

那時的我爲了奪得先機，決定當個跑腿專家。無論是搬東西，或是拿東西，我都一馬當先，可惜很多人並不曉得這就是贏得先機的方法。

其實，一般人視爲愚蠢的無聊工作，往往潛藏著莫大機會，還有像是應變力、行動力也是表現自我的機會。只要用心觀察周遭人，譬如：〇〇先生喜歡哪個牌子的菸、◇◇先生喜歡什麼口味的罐裝咖啡等，像這樣記住每個人的喜好，便能讓自己得到更多脫穎而出的機會。

不妨觀察身處的職場，思考如何贏得先機。別人不想碰的事、無趣的工作、瑣碎的工作等，都潛藏著機會。儲存先機，總有一天會生出利息的。

養兵千日，用在一時

04／50

雖然這句話聽起來有點老套，但我認爲，在沒有人看到的地方，仍要努力練習，不能懈怠。就算突然被指名上場代打，若平時勤加訓練，當機會來時，就能充分發揮實力。如果只知道認眞工作，平常卻缺乏訓練的話，就算機會上門也不知該如何應對。

我不但不會要求同仁加班，反而鼓勵他們下班後做些自我充電的事，像是聽音樂會、閱讀等。或許你認爲公司付給你的薪水是朝九晚五這段上班時間的工資，其實不然。公司支付的薪水也包括「你沒有在公司上班的時間」。因此，如何善用私人時間自我磨練，做好健康管理，也是工作的一部分。

年輕時的我，爲了保持最佳備戰狀態，充分發揮實力，反覆嘗試了各種練習。那時的我既沒實力，也缺乏專業技術，但我一直告誡自己，唯有努力奉行三大原則：「不遲到早退」、「第一個到公司」、「保持活力」，才能贏得別人的信賴。於是二十出頭的我開始徹底實踐這三大原則。

目前任職於「暮しの手帖」的我雖然位居高層，但每天早上還是習慣提早兩個小時到公司。我發現新人都很認眞，會比其他同事早一點到公司。我很讚許他們的表現，無奈這般工作精神大多維持不了多久，頂多努力到第三年就不會比別人早來上班了。我經常在想，若五年、十年都比別人早上班的話，究竟能爲自己提升多少信賴度呢？

直到某天，我發現一件令人驚訝的事。總是習慣先到公司附近的咖啡店買杯咖啡再進公司的我，赫然發現公司最年輕的一位業務人員坐在店裡看書。一問之下，才知道他每天早上都會來這家店，而且比其他同事提早五分鐘進公司。因爲我們所屬部門不同，很少有機會接觸，後來我問他：「爲什麼每天那麼早來這裡喝咖啡呢？」他有點不好意思地說，因爲自己剛進公司不久，還沒辦法進入狀況，所以趁上班前來這裡看書，準備一下今天要做的工作。

聽到他的回答，我眞的很感動，也對於年紀輕輕的他就明白充電、準備之類的工夫不能佔用上班時間的道理，深感佩服。而且他一點都不誇耀，態度十分謙虛，每天早上默默堅守自己的原則。能像他如此努力的人，眞的很少。對於自己的堅持，他覺得很不好意思，我告訴他，這是值得讚許的事，請他務必持續下去，他很率直地應允，我也就沒再多說什麼吹捧的話了。

每天在不被注意到的地方，比別人加倍努力，眞的很令人感動。在看得到的地方幫助他人、體貼他人是理所當然的；而在別人看不到的地方帶給人喜悅，卻是難能可貴的事。

失敗有時能讓我們更強大

05／50

我想25歲的你應該嘗過不少失敗，不是惹事生非，就是造成別人的困擾。我也曾經無意識地傷害他人，做過不少讓人難過的事。我從失敗的過程中學到一件事，那就是：「重要的不是如何解決問題，而是如何面對問題」。

一旦發生問題，任誰都會急著想解決；但年紀尚輕，閱歷不深的你，想憑一己之力解決問題，絕對不是件容易的事。

當問題發生時，最重要的不是設法解決，而是如何迅速應對。馬上向對方道歉，直接約對方碰面，誠心誠意地說明一切，不要一味辯解，而是確實地反省自己的缺失。

誠懇又迅速地應對，能讓原本的弱點變成優勢，還能將失敗與難題轉化成正面力量。畢竟有時就算努力想解決問題，也不見得能獲得正面效果。這是爲什麼呢？

因爲解決問題這件事的主控權掌握在他人手裡，要是對方願意原諒你造成的麻煩，問題自然能夠解決。由此可見，能否解決問題取決於對方。因此，解決問題絕對不是光靠自己就能辦到的，你能做的，就是懇切地面對問題。

對年輕人來說，失敗乃家常便飯。好比危機就是轉機，失敗也是一種機會。成功時，只能得到他人的掌聲；但失敗時，卻能從「今後該怎麼辦？」這種好奇心出發，一躍成爲備受矚目的黑馬。

人類有著喜歡看見別人不幸的天性，所以不拘任何形式地激發他人的好奇心，也是抓住機會的一種方式。雖然設法補救很重要；但面對失敗的態度更是關鍵，因爲這股力量有時能讓單純的失敗變成美好的挫折。

乍看是個失敗經驗，但卻能讓自己從中思考、學習，所以反而是成功的體驗。例如：腳不小心骨折，也能讓你從中學到一些事，像是因此認識醫術精湛的外科醫生，或是變得很會包繃帶之類的。

我認為一件事最終是成功還是失敗，取決於個人。雖然解決問題的主控權掌握在別人手裡，但能讓失敗與成功有所連結的人，只有自己，這就是所謂「失敗的美學」。

25歲時，我經常提醒自己，所有事情都能讓自己變得更強大，都能轉換成能量。無論遇到多麼討厭的事，只要懂得「正面思考」，便能讓麻煩事成為茁壯自我的養分。積極地面對任何事，比什麼都來得重要。

絕對不能替人作保

06／50

雖然這種情形應該不多，但一踏入社會，就可能遇到來自親朋好友代為作保的請託。

所謂作保，就是借錢的當事人一旦無力償還時，身為保證人必須代為償還之意。也就是說，你替朋友作保，若朋友因故無法償還，你就必須代替友人還債，因此，絕對不能替人作保。有極高的比率證明，替人作保的下場，往往就成了替人背債的冤大頭。

當然，難免會遇到受人恩惠，實在很難拒絕的情形。我也有過被人拜託作保的經驗，而且基於現實考量，不曉得該怎麼拒絕，所以我非常清楚箇中難處。

遇到這種情況時，我都會這麼說：「畢竟我們是朋友，我也很想幫你，可是我答應我爸絕對不能替人作保，所以就算想幫你也沒辦法。」事實上，我父親的確要求我「絕對不能替人作保」。

「雖然很想幫忙，但我不能違背和爸爸的約定，眞的很抱歉。當然，如果我爸答應的話，我一定會幫你的。」

像這樣清楚傳達自己的立場，便能婉拒對方。如果對方還是再三拜託的話，那就再補一句：「不如我現在打電話給我爸，你來說服他好了。」話已至此，我想應該不會還有人如此不識相，眞的打電話吧？

不少人因爲不知如何拒絕，被迫替人作保，甚至預支自己的退休金替人還債。因爲我也有那種財務狀況出問題的親戚，所以我父親絕對不替人作保，若因此壞了彼此的情誼也是沒辦法的事。我認爲婉拒作保，才是爲對方著想的決定。

年輕時，多少會有借貸方面的問題，若能將其視爲人生經驗，從中了解負債的可怕，明白現實世界的嚴苛，倒也不是件壞事。

問題是，一旦替人作保，可就不是花個數十萬便能了事，不但會影響你的人生和工作，甚至連累到親朋好友，所以絕對不能替人作保，也不能拜託別人作保。要是態度不夠堅決，只會讓自己背負一屁股債，千萬別做出讓自己後悔的決定。

此外，像這種一定要保證人的工作，表示公司負責人或是你有一方的信用度不高。信用基礎不高的話，又怎能期待這份工作會有好的發展呢？

堅持每次只買一本
最想擁有的書

07／50

無論面對工作還是生活，我們常常得做出取捨。無論資訊、工具、還是人際關係，我們都希望能盡量選擇對自己最好的；也因此，選擇是需要訓練的，不妨依個人喜好，記錄讓自己感動的事物。譬如：參觀展覽時，從一百幅畫作中選一幅最喜歡的作品，再用某種形式將這份感覺保存下來。

記得小時候，母親常帶我去百貨公司看展覽，展場出口會販售明信片等周邊商品，母親每次都會讓我挑一張最喜歡的明信片，對我來說，這等同於選擇讓自己最感動的事物，而且因爲只能挑一張，所以下次看展時，就會格外用心地觀賞作品。不知不覺養成這個習慣的我，後來不論是去哪裡，都會下意識地尋找自己最喜歡的東西，或是記下今天最感動的事。於是，心中累積越來越多的「明信片」，猶如累積越來越多的「喜好」。

去書店時也是，母親總是叫我挑一本自己最想買的書，但要從數不清的書中挑選一本是多麼困難的事，何況當時我的年紀還小。後來我投身出版界，有時爲了去國外某間書店看看，就算花上半天時間搭飛機也甘願，而且往往不是爲了工作，而是私人行程。我也總是堅持只挑一本最想買的書。我很享受那種在三層樓高的書店裡，爲了挑選哪一本書而煩惱不已的樂趣；而不是想說以後不會再來，便買了一堆書。不管到哪裡，我都堅持只買一本書，即便是平日常去的書店也一樣。

這本也想買，那本也想買，但最後卻只挑了一本，歷經這段過程後被相中的書，便有了屬於它的故事，當然有時也會發生事後覺得應該買另一本的遺憾。即便失敗，都會有自己的故事。

因爲珍惜挑選的過程，所以我不想抱著「順便」的心態買書。記得我有次幫雜誌寫稿，出國採訪時，同行的編輯問我：「順便去當地書店買幾本書，如何？」不然就是：「松浦先生在這裡有不少朋友，順道去拜訪他們，如何？」我從來沒有順便做工作以外的事，或是順道訪友；就算有空閒時間，也會忙著尋找外景場地，或是準備採訪的內容。因為我認為不應該佔用工作時間做私人的事，況且抱著「順便」、「搭便車」的心態，對別人也不禮貌。所以我寧可花時間、花錢搭飛機再來一趟，也不想抱著順便的心態面對人事物。也因為這樣的堅持，從中誕生出許多屬於我的故事。我認為，過程比什麼都重要。

對年輕人來說，從過程衍生出的發想非常珍貴。俗話說：「有失必有得。」自己真正想擁有的東西，絕對不是只靠著「順便」就能得到的。

學會4個步驟，輕鬆享受成果

08／50

每件事都有步驟，而且最重要的第1個步驟就是觀察。基本上，我做每件事都會依循以下4個步驟。

第1個步驟：先觀察，取得各種情報。

第2個步驟：從觀察的結果中學習。

第3個步驟：反覆練習學到的東西。

第4個步驟：學會後，開始實踐。

以上4個步驟看似簡單，其實非常重要，第4個步驟更是享受成果的訣竅。也許你認爲學習過程應該很熱血，極力拚勝負才行；但其實學習過程也可以非常放鬆。所謂放鬆的意思，就是讓自己輕鬆地完成一件事，而這4個步驟，正是爲了能輕鬆學習、享受成果所做的準備。

怎麼說呢？無論是什麼樣的勝負，要是不懂得放鬆，往往得不到理想的結果。「放鬆」就是不拘泥於無謂的事、花費無謂的氣力，而呈現最自然的狀態。一旦處於對自己來說最自然的狀態，也就是回歸「質樸」，此時便能發揮超乎想像的本領與實力。由此可見，放鬆能帶來令人驚訝的效果。

但，放鬆不是叫你抱著隨便、馬虎的心態；而是不要一頭熱地投入某件事，且要懂得「退一步，海闊天空」的道理。一旦過於投入，內心就會湧現「一定要贏」的欲求；但只要懂得放鬆，就不會產生這般不必要的情感。當然也能以強硬的方式平衡情感，然而，平日自我訓練下意識地控制情緒更爲重要。

雖然並非所有事情都取決於勝負，但好比戰爭和賭博，一旦摻入個人情感，引發事端，就只有認輸的份了。因此，專業領域特別講求「看」，也就是觀察。

試著從各種觀點與角度切入，了解規則與狀況，仔細觀察流程，由此便能決定勝負。所謂眞人不露相，不讓周遭人感受到威嚇與壓力，讓別人搞不清楚你是敵是友，默默觀察的這段時期比什麼都重要。

我在十幾歲時遠赴美國也是如此，因爲在日本打過許多工，照理說可以盡情施展自己的本領。但最初三個月，我告訴自己一定要低調，因爲想先弄清楚誰是老大，還有這份工作的本質爲何。待弄清一切之後，才開始拿出我的眞本事。

多數人在年輕時，個性比較急躁，無法理智地面對事情。人生不是短距離的衝刺，而是以馬拉松的方式迎向終點。別被勝負所束縛，切忌心浮氣躁，凡事按照自己的速度前進就對了。

隨時保有好奇心

09/50

我希望你能保有「好奇心」，因爲對年輕人來說，關心各種事物是必備的基礎力。要是對任何事物不感興趣，也不關心國家社會，就只能活在自己的象牙塔裡。

保有好奇心，才會想了解更多事，才會去思考，並從中產生各種疑問。然而，大部分的情形是，就算不明白事物的本質仍然活得下去；即便被某件事物吸引，不去探求也不會影響到日常生活。

就算我們眼睛所見、感覺到的，只是一些膚淺的情報，還是能安然無恙地度日。反正只要知道今天是晴天就好，沒必要了解更多資訊。不會影響到人際關係，也不會對自己造成任何負面影響。

但我認爲，那些想要成就些什麼，希望自己和別人有所不同，期許自己帶給他人更多感動的人之所以出類拔萃，就在於他們保有

「好奇心」。我希望大家明白一件事，那就是成功者多是保有好奇心，勇於探究事物本質的人。

此外，好奇心是否具有「深度」這一點也很重要。

年輕的你肯定對於未知的將來、不明白事物本質而心煩；或是因爲無法一展長才、工作不順等而苦惱，但缺乏好奇心的人，根本連爲何苦惱都不知道。因此，請期勉自己保有探索事物的好奇心。唯有洞悉事物的本質，才能讓自己更好。

那麼，該如何保有好奇心呢？這的確有點難以理解。我想，只能先從「爲何？」「爲什麼？」「怎麼會這樣？」這三個疑問句開始做起，就像商管書裡經常提到的「5W」道理是一樣的。

從反覆提出疑問的過程中，一定能發現很多東西，而且，都是自己好不容易才體會到的。當你感到困惑時，不妨活用這三個疑問句來試著解決問題。

保有好奇心之所以能突顯個人的存在，是因爲你對自己擁有信心。雖然好奇心的「深度」因人而異，但不變的是，出於自己的發現與思考。培養出如何表現自我的底蘊，也是一種自信的展現。

當想著：「今天是晴天呢！」的時候，若能進一步思索：「爲什麼今天是晴天？」、「這是什麼樣的天候現象？」如此這般與人談話的深度絕對會不一樣。好奇心能發掘只有自己才明白的道理，並增添個人魅力。因此，我隨時隨地都會重複問那三個疑問句，以保持好奇心。

深度探究喜歡的事物，培養自己成為專業人才

10/50

找到一件「喜歡的事」吧！

即便和自己的工作與生活沒有直接相關也無所謂，就算不曉得是不是眞心喜歡也沒關係，因爲喜歡的心情是可以培養的。也許你現在還無法明確察覺喜歡這件事，但只要有可能就請探究下去。

也許在深度探究後，無法從中獲得任何感動，也無法勉強自己喜歡，那就再找尋另一件喜歡的事物就行了。不過，在這樣的過程中，一定會出現必須深入探索才能看見的東西，若你爲這東西感動的話，不妨試著挖掘下去。

重要的是，眞正喜歡的事物絕對無法一蹴可幾，而是必須深究後才能明白。

因此，請先試著探索自己也許會喜歡的事物。一旦發現能讓你感興趣的東西，不妨進一步研究。如此一來，就會冒出更多有趣的東西，再繼續探究到你厭煩爲止。我建議一定要深入探究，直到再也發現不到任何東西。

就算喜歡的是難以啓齒的事物也沒關係，只要深入探究，也許它能成爲你的獨特觀點，因爲你比任何人更加了解這項事物的本質。充滿自信地向別人陳述一件事，眞的很厲害。很少有人能陳述得這麼有深度，說不定只有你才能做得到，也成了令人尊敬的對象。

漫畫家三浦純，就是一位喜歡深度探究的人。雖然女性朋友不太能接受他的偏好，但我認爲他的優點在於那股持續探索的執著，儘管他的創作往往評價兩極，卻無法討厭這個人。

我認爲，今後每個人的存在就像個策展人。雖然一個人也能應付各種事情，但現今的社會趨勢，是將工作分門別類的外包制。

也就是說，工作形態將從團體戰逐漸變成小組制。匯集優秀人才，成立專業小組，不但能提升工作效率，還可以節省時間。總之，金錢與時間的運用形態將產生莫大的改變。

無論你是上班族或是自由工作者，都必須具備足以應付各種狀況的基本能力，然而，今後光靠這項基本能力是行不通的，因爲工作形態已經改變。我認爲，今後具備專業能力的人，才是眞正的人才。想要成爲專業人才，就必須找到一項專長，而深入探究事物，正是能讓自己具備專業能力的一種訓練。

就算是不合情理的事也無妨，現今社會需要的是專業人才，比起什麼都只懂個皮毛的傢伙，對於某項事物特別有研究的人，更能在社會上立足。

培養獨特觀點

11/50

常有人說：「我在找尋自己喜歡的東西。」但真是如此嗎？其實你應該早就找到了，只是無法通過「人間」這個過濾器，毫不猶豫地說出來而已。

想一想，你現在是否熱衷於某件事呢？不論是電玩遊戲也好，網拍也罷，或是Twitter、Facebook……什麼都行，這些東西或許給人負面的印象，所以沒人會說這是自己的專長。

但沉迷於一件事，反而能讓自己比別人更加了解，不管是面對什麼題材，都能深入探究、樂在其中，透過這段享受的過程，也許會發現不曾有人注意到的課題。

一旦對自己感興趣的事物有了更進一步的了解，就會產生繼續探究的動力。面對喜歡的事物也是如此，試著單純去喜歡就行了。

如果是我的話，會更率直地累積許多熱衷的事。雖然自己喜歡的事物，不一定能得到正面評價，但只要堅持下去就對了，至於好或不好，那是社會的觀感。想想看，你是否也有能讓自己花上一小時，忘情投入的事物呢？

也許現在無法啓齒，但十年後，情況一定會改變。即便現在被人輕蔑，但過了十年、二十年，也許會成爲人人讚揚的事。無論是YouTube還是Facebook，這些在全球極具人氣的網路平台，當初都是屬於賭上高風險的少數派觀點，一旦賭贏了，便能得到翻倍的高報酬。雖然一開始只是少數人的創意，根本不被看好；但隨著死忠粉絲越來越多，不但造就了時代傳奇，也隨之日益精進。

因此，強迫自己接受當下多數人的看法，是毫無意義的。因爲少數意見經過糾正後，有可能會變成多數意見，而成爲對社會來說十分必要的存在。

年輕時的我，曾迷上某一類舊書，那是沒什麼價值可言的「B級藝術書」，這種書不是被當成垃圾隨意丟棄，就是被擺在二手書店的書架上，一本50日圓、1百日圓地便宜賣；而我卻一本一本地收集起來。後來，我從美國回來，曾在代代木公園的跳蚤市場擺攤，那時我將便宜收購的雜誌和書籍，以一本5千～1萬日圓的價格標售，沒想到賣得出奇的好。於是我成了東京二手書市場的多數派，意即「B級藝術書」獲得了跳蚤市場的認同。

之後，這類書籍的行情從東京擴展至地方，甚至影響了國外的二手書市場。我想，這就是探究「喜歡的東西」，並賦予它新價值所得到的成果吧。當時還沒有年輕人投入二手書店這個行業，我以那個世代的觀點爲出發點，也算是革新者。

12／50

養成列出十大清單的習慣，讓思考活絡

我們常說的頭腦體操，也就是思考這行爲，聽起來好像沒什麼特別的；但對年輕人來說，卻是務必養成的習慣。

記得我20幾歲時，常會寫下「十大清單」。例如：「十大最適合遛狗的散步小徑」、「十大住家附近最美麗的庭院」、「十大最親切的警察先生」等，這讓我對身邊的事物始終保持著高度興趣。另一方面，也可以列出「十大最難相處的人」之類的清單。這項習慣不但有助於宣洩壓力，也能更加了解自己的價値觀。

養成列出十大清單的習慣，能讓自己學習觀察，洞悉事物的本質。而且爲了養成這習慣，必須「深度探究自己喜歡的事物」。你可能會覺得列出十大清單比想像中來得困難，但這習慣絕對能幫你的工作加分。即便挑選的是讓人覺得不可思議的主題也沒關係，養成這習慣的眞正目的，就在於鍛鍊自己的思考力。

我還會列出「十大想見面的人」清單。記得當時，我想見面的人有50～60位之多，當然不可能全部都見到，畢竟沒有門路，要見面也沒那麼容易。但列出清單後，可以恣意地想像，倒也不壞。

我之所以養成這習慣，是起因於看了攝影師土門拳先生的隨筆集《死ぬことと生きること（死亡與活著）》。書中有一張令我印象深刻的照片——土門先生的房間有一面牆，密密麻麻地寫滿自己想拍攝的對象，然後在拍過的人物上劃線標註。他每天就是這樣看著自己的目標。這張照片讓我的內心受到相當大的衝擊，馬上仿效他這麼做。

雖然這項作業遠比想像來得困難，但眞的很有趣。列出的清單中，有馬上就能見到的人，也有著經過20年仍無緣相識的人。

列出清單的習慣，不但能鍛鍊思考力，還能培養企劃力，我非常推薦。25歲的我因爲好奇心旺盛，遇到什麼都喜歡問：「爲什麼會這樣？」因而被取了「發問男」的綽號。

當然也有過曾被前輩虧：「你自己想啊！」而覺得非常窘的經驗。記得那時的前輩訓我：「別以爲問人最省事！」現在想想，我當時的行爲跟現在上網找答案根本無異。

雖然善用網路眞的很方便，但過度依賴的結果，只會讓自己失去求知欲與思考力。因此，千萬不能過分依賴網路，試著從各種角度觀察事物，思考後再上網搜尋，遵守這樣的原則，腦袋才不會漸漸僵化。

每天都要開拓新的人際關係

13／50

我25歲時，每天都會提醒自己：「一天認識一個人，努力開拓新的人際關係。」不是抱著隨意交友的心態，而是積極開展新的人際關係。

一年有365天，一年就能開拓365位新的人際關係。拓展新的人際關係有什麼意義呢？我想，就是思考如何帶給對方好心情吧。哪怕只是一句：「你今天穿得很好看呢！」或是微笑地向對方打招呼，一天1位，試著藉由人際關係的開拓，思考如何讓對方開心。

25歲左右的你，也許還沒辦法在職場上獨當一面，只能聽從別人的指示。但只要能找到一件自動自發、不受別人指使的事，每天就能過得很快樂。

換句話說，就是自我規劃。透過自我規劃，感覺自己的心房被打開了，若是不主動敞開內心，如何能期待他人的回應呢？我認爲，再沒有比敞開心房、打動對方，更叫人開心的事了。如此一來，365人當中一定會有5位、10位能更進一步與你發展成友好關係。

生活中有許多與人接觸的機會。像是在便利商店排隊結帳時，與身邊的人攀談；或是去郵局買郵票，和郵務人員閒聊幾句；甚至遛狗散步時，主動與人打招呼，都能帶給他人好心情。

年輕時的我還沒有太深的體認，直到某天，才察覺這行爲就像是在「播種」，不曉得能開出什麼樣的花？不曉得能冒出多麼繁茂的枝葉？

透過相遇，帶給對方喜悅的行爲絕對不是終點，而是產生新連結的起點，得以培育嶄新的人際關係。透過結緣這件事，能讓我更加了解自己，與人共度愉快的時光，甚至創造更多認識新朋友的機會。對我來說，每天拓展新的人際關係是一件非常美好的事。

規定自己每天做一件沒做過的事，就算不是什麼大事也無所謂，好比改變前往車站的路線，或是拜訪從未去過的店家，只要不造成別人的困擾就行了。即便是一成不變的工作，若能稍微改變作法，便能找到新樂趣。當然，生活規律是最基本的要求，只要在規律生活中稍微花點心思、做些改變就行了。也許藉由這樣的改變就能夠打破一成不變的自己，讓你過得更好。

這麼做眞的最好嗎？是否還有其他問題呢？這是一種對於常識提出質疑的最佳訓練。

雖然這也是一種打破原則的方法，但只要想成是如何讓原則變得更好的挑戰就行了。對我來說，即便可能失敗也是非常好的訓練方式。花點心思，嘗試一件從未做過的事，一定能讓生活多點樂趣。

養成攜帶紙筆，隨手記錄靈感的習慣

14／50

每天思考、煩惱各種事，其實是很重要的。尤其是25歲左右的年輕人，還有許多不明白的事，越煩惱越能提醒自己去留意各種事，甚至激盪出靈感，所以煩惱不見得不好。

試著思考及煩惱各種事、各種可能，或是想想爲何這件事讓自己開心？那件事爲何讓自己悲傷？

25歲的我，已經養成隨手記錄重要事情或靈感的習慣，也就是作筆記。腦中浮現的想法或靈感往往稍縱即逝，想記都記不住，爲了之後還能審視、思考，最好隨時寫下來。

我經常檢視自己隨手記下的東西，也從中獲得許多啓發，因此，即便走在路上和別人閒聊，我也會隨身帶著筆記本和筆，以便記下靈感。

現在人手一支智慧型手機，隨時都能記錄或拍照，非常便利。其實，用智慧型手機記錄和用紙筆記錄是一樣的，不只是想法或靈感，隨手記錄情感或新發現也是一件美事。

隨手拍下的照片越多，不但能回顧生活的點點滴滴，還能重新認識自我。此外，圖像比文字感覺更眞實，對你一定有莫大助益。不可否認，拍照也是一種記錄方式，優點是比文字更簡便、眞實。

養成隨身攜帶紙筆的習慣並不是一件容易的事，但只要習慣之後，就會發現自己原來是那麼有趣的人，進而發掘出更意想不到的自己。

我會開始隨手寫下筆記，也是出於煩惱。尤其是25歲時，很容易因無法解決煩惱而不知所措，或是遇到各種不合情理的事，因此而悶悶不樂時，就會藉由寫筆記來紓解情緒。

當煩惱和複雜的情感逐漸崩裂，無法進入自己的腦中時，大腦會排除這些情感，洞悉事物的直覺力才會變得更加敏銳。換句話說，隨手筆記就像是在腦中加裝一個硬碟，只是它不是用來整理，而是用來排除。

隨手筆記是一種即興行爲，不必寫成文章，只要用幾句話、幾個字，簡單表示就行了。對我來說，這是擺脫痛苦的方法。不知不覺間，我發現這個習慣不但能磨練工作和生活態度，還能帶來改變的契機。

唯一要注意的是，切勿隨手記下連自己都看不懂的內容。有時倉促寫下的筆記過了一段時間後，連自己都看不懂到底寫了些什麼，所以至少要保證自己日後看得懂才行。

成為別人心中的「不二人選」

15／50

年輕時的我不擅長與人溝通。25歲的我，更是以自我為中心，凡事只想到自己。這樣的我既傲慢又沒有能力，內心充滿「只能等待」這般無處宣洩的怒氣與焦慮。

那時的我覺得自己滿懷理想，雖然非常不擅長與人溝通，卻還是受到不少前輩的照顧。也常被勸說：「你若老是這樣的話，永遠也無法改善人際關係，勸你還是改改個性吧！」

其實，即使知道再這樣下去是不行的，但就是改不了，所以身邊結交的都是比自己年長的朋友。後來，十幾歲的我遠渡重洋去了美國，果然被同年齡的人嫌棄，一回神才發現自己連半個朋友都沒有，也才認眞思考什麼是溝通，以及溝通時應有的態度。

有人曾告訴我：「溝通就像投接球，你不能一味地投球，也要學會接住別人投來的球。」一直不曉得如何與人溝通的我頓時開了竅：「原來如此，就像玩投接球啊！」也才了解到什麼是溝通。

只要將球以容易讓對方接到的速度投出，對方也會回以能夠讓你順利接住的球。換句話說，就是要有一顆體貼他人的心。這番道理讓我嘗到與人溝通的樂趣，在愉快的互動過程中，拉近彼此的距離，在別人心中留下深刻的印象。

在溝通過程中，最重要的是能夠帶給對方多少感動，只要自己真心感動，對方也能感受到眞正的喜悅，絕對不僅止於傳達事情、說出自己想說的話而已。

懂得如何投接球，才懂得經營人際關係，成爲別人想再見面的對象，進而拉近彼此的距離。想想，以前的我滿腦子只想著自身的事，一味埋怨別人不瞭解自己，老是憑喜好隨意投球，卻不接住別人投來的球。

有些人看似不起眼，卻能讓人三不五時想起他，這就是擅於玩投接球的高手。譬如：想找人一起吃飯、想找人一起去玩，或是想找人合作新案子，要是能成爲別人心中的「不二人選」，會是多麼令人開心的事。

就算你年紀尚輕，只要肯用心，一定能成爲他人心中的首選。

讚美與道謝不是隨口說說，
而要出於真心

16／50

發自內心地說「謝謝」、「好棒喔」，都能讓你拓展人際關係。

年輕時的我便發現，道謝與讚美的話語一定要具體才行。也就是說，光一句「謝謝」是不夠的，一定要清楚傳達感謝對方的理由。如果常去的超市，收銀人員態度十分親切有禮，不妨對他說：「你真的很親切，謝謝。」像這樣清楚傳達感謝的理由，真的非常重要。

讚美別人時也是，一定要具體說明哪裡好？哪裡值得讚美？不能光說一句：「好棒喔！」而是具體點出對方今天的髮型、穿著打扮很好看，或是應對非常得體之類的；表達得越清楚，對方一定會越開心。

總是隨口說一句：「好棒喔！」、「好帥喔！」對方說不定會懷疑你是不是有什麼企圖，懷疑你的眞誠。這是爲什麼呢？因爲你沒有具體說明讚美對方的理由。

然而，人心在某方面還是很單純的，就算多少有些懷疑，聽到讚美，還是會很開心對方注意到自己的存在。由此可見，具體傳達道謝或讚美的言詞，能夠瞬間拉近彼此的距離。我25歲時明白的道理，直到現在47歲了，仍然非常受用。

無論是誇讚部屬，或是向工作夥伴致謝時，都應盡可能具體地描述自己讚賞或感謝的心意。

像我會送些點心給合作對象，聊表謝意，或是買些好吃的東西請工作夥伴享用。當聽到對方說：「謝謝你請我們吃『這麼好吃』的點心」時，我就會興起下次再買些什麼請大家吃的念頭。因此，單單一句「謝謝」是不夠的，只有當我們感受到對方的善意時，才會想再爲對方做些什麼。

以我常做的美食採訪工作爲例，當店家端上精心準備的料理時，我絕對不會只說聲「謝謝」，一定會誠心地向對方道謝，並具體說明料理的擺盤或味道是多麼令我驚豔。我想，店家不但會開心地接受讚美，也會想要「努力做出更美味的料理」。

這絕對不是耍心機。我只是認爲，光說句「謝謝」並不足以表達心意。

思考不想做的事，
從中找到自我核心價值

17/50

25歲時，最常被問：「你的夢想是什麼？有什麼想做的事？」或許你也常常這麼問自己，卻仍答不出個所以然。其實我也是。雖然現在被問到同樣的問題應該回答得了，但還是沒有勇氣大聲說出口。我認爲「想做什麼」這件事，恐怕是一輩子的課題。

25歲的我，一直煩惱著該如何回答這問題。當時的我，滿腦子想的不是自己想做的事，而是不想做的事，非常不可思議。

這跟想偷懶、不想聽別人說教、不想被別人命令的感覺不同，這並非出於任性的意見；而是經過認眞的思考。於是，我腦中浮現了幾個答案，像是「不想被說謊成性的人欺騙」，自己不想做的事也不希望別人加諸於己，這就是「己所不欲，勿施於人」的道理。

這麼一想才發現，原來能讓別人開心的事，就是自己也會感到開心的事。那麼，我會對什麼事感到開心呢？繞了一大圈之後，終於有了答案，那就是找到自己的「核心價值」。

我花了許多時間，探究能讓自己感到開心的事，那就是：「正直、親切、笑容、真誠有禮」這般核心價值。找到自己的核心價值後，便能展現出魄力，發揮猶如職棒投手般的球威。當然，也不是隨便做什麼都行；然而，只要找到自己的核心價值，不論做的是多麼瑣碎的工作，都不會感到茫然。

就各層面的意義來說，核心價值能夠讓你表現出最純粹的自己。無論是待人接物，或是完成一件工作，都必須親手整理出一個成果交給對方。而我的「方法」，就是「正直、親切、笑容、今天也要用心過生活」，最後的成果便會與他人有所不同。

對25歲的年輕人來說，埋頭思考自己如何面對人生，並不是件容易的事。然而，透過思索自己不想做的事、讓自己開心的事，一定能找到像是自我理念的事物。唯有用心投出每一球，才能顯現其與隨便出手之間的差異，也才能展現球威。

我也是花了不少時間才悟出這番道理，雖然25歲時的我沒有馬上聯想到答案，但在漫漫的人生歷練中，我總算有一種去蕪存菁、逐漸明朗的感覺。

25歲的我所領悟到的，足以讓我找到自己的核心價值，而且直到現在，它都是我最強大的心靈夥伴。

結交能一起探索各種問題的朋友

18/50

無論是工作或生活，我們每天都必須面對許多問題，所以難免會有那種看在別人眼中，覺得非常愚蠢的「想法」。

這些讓你在意的「想法」一旦擱著不管，就會像泡沫般迅速消失。但如同前面提到的，不妨趁它消失之前順手記下。畢竟，再怎麼瑣碎的事，依用法不同也可能琢磨成鑽石。因爲這麼做就代表，你想面對自己無法獨力解決的問題。

唯有記下來，才有機會告訴別人、向人請教，也許還能得到善意的回應：「我也想過這問題」、「好啊！你說來聽聽」。

換言之，這些讓你和別人共同在意的「想法」，究竟會無疾而終地消失？還是會被琢磨成鑽石？或是成了三兩下便輕鬆解決的問題？無論哪一種結果，都有可能朝好的方向發展。

更重要的是，你擁有能將名爲「想法」的球，輕鬆傳遞的對象。對25歲的你來說，這樣的朋友尤其重要。如果沒有的話，那就努力去尋找吧。雖然透過社群網站認識也是一種方法，但還是盡量結交能夠面對面交流的朋友較好。

想像你和對方在打籃球，當你拿到球時，對方要你傳球給他，然後他又回傳給你，就這樣一起朝著目標挺進。

創意也是如此，隨著傳遞的次數增加，小小的想法可能會變成了不起的創意。當然，想法經過多次傳遞後也可能遭到抹煞，即便如此也無所謂，至少證明了這想法原本就不怎麼樣。

當你手上拿著一顆名爲「想法」的球時，看到身旁的朋友，舉手示意你把球傳給他——而你需要的，就是這樣的朋友。

不過，也有完全相反的情況。假設持球的是朋友，你示意對方把球傳給你，那麼對朋友來說，你就是一個幫助他解惑的存在。

試著尋找和你無話不談，願意陪你一起思索問題，懷著眞摯的心將球傳給你。同時你也能再回傳給他的朋友吧。這時，具體傳達自己的意見非常重要，傳達得越具體，對方就越開心。

原本只是一顆稱作「想法」的小璞石，經過幾番傳遞後，總有一天，定能琢磨成璀璨生輝的鑽石。

25歲的我，結交的多是比自己年長的朋友，所以我比同齡的人稍微世故些。雖然仍是毛頭小子卻常被長輩訓誡，但那時學到的各種事物與道理，成了我現在最大的助力。其中之一就是「措詞」。

當然，我不會目無尊長，說些失禮的話；不過，仍經常被提醒說話口吻要謙遜、留意措詞等。記得有位長輩曾告誡我：「記住哦！說話得體就是貼心的表現。」我一直銘記在心。可見重要的不是措詞，而是體貼的心。

措詞正確又得體，就是有禮的表現。25歲的你多半是職場新鮮人，還沒有什麼出色的工作表現，但只要應對得體、禮貌周到，就能得到相當高的評價。記得年輕時，前輩常提醒我：「禮貌周到是保護自己的鎧甲。」這番話讓我牢牢謹記「只要禮貌周到，便能保護自己。」

當然也會有疏忽的時候，讓我最在意的就是「不好意思」這字眼。「不好意思」適用於諸多情況，也是非常方便的招呼用語；但25歲時的我卻決定盡量少說這句話。

例如，當別人對我說：「松浦君，這個很好吃，你吃吃看吧！」我總會回一句：「不好意思。」因為有段時期，周遭都是比自己年長的前輩，所以嘴邊習慣掛著「不好意思」，以為這樣才能表達自己領受他人好意時，誠惶誠恐的心情。直到有天被毫不客氣地批評：「你到底一天要說幾次不好意思啊？」讓我受到強烈衝擊之後，就戒掉這個口頭禪了。

雖然戒掉口頭禪並不容易，但我決定用「謝謝」來代替「不好意思」。當別人對我說：「吃吃看這個吧！」我不但接受對方的心意，還會說聲「謝謝」，予人的感覺截然不同。其他像是「誠惶誠恐」、「遵命」等過分客氣的字眼也盡量不用。雖然「不好意思」能夠展現自己謙遜的一面，但並非適用於任何情形，有時候過分謙虛反而會讓人心生不快。而說聲「謝謝」，則能一改他人對你的印象，25歲的你更是要謹記這一點。因此，當服務人員送上咖啡時，我不會對他們說「不好意思」，而是向他們道謝。

另外，我還要求自己一件事，就是不要將流行語掛在嘴邊，像是「就醬」、「好像是」、「機車」之類的流行語，我不想說、也不會說。光是不將流行語掛在嘴邊，就能給人迥然不同的印象。

還有一件也是我年輕時學到的事，那就是「總之」這字眼也請盡量避免，改用「首先」這字眼比較恰當。相較於「總之」，「首先」聽起來積極多了。由此可見，說話得體真的是貼心的表現。

越是微不足道的約定，
越要遵守

20／50

我是那種絕對會遵守約定的人。

我常問工作夥伴：「什麼是約定？你覺得約定是什麼？」我想，比起必須遵守的意義，約定更像是讓人喜悅的東西。

這麼說來，約定就是有一種非得做什麼，像是盡義務的心情。我覺得，再也沒有比遵守約定更美好的事了。

信用來自於每一個約定的累積，「越是微不足道的約定，越要遵守」這般認知非常重要。換言之，遵守約定，就是一次最小的成功經驗。

20幾歲的我，總覺得和別人訂下約定是一件很幸福的事，因爲對於那時的我來說，要是沒有可以約定的對象，根本成就不了什麼事，所以當自己「又訂下一個約定」時，眞的很開心。對我來說，遵守約定就是一個機會，所以我常常思索如何能讓對方開心。

我希望大家明白一件事，每個約定都代表一個信用，任誰都不願意和不守信用的人約定什麼，對吧？若能遵守約定，就能提升信用度，並不斷地累積信用，進而成就大約定。所以一定要提醒自己，再微小的約定也要遵守。

像是「下次一起吃飯」、「下次一起去喝點東西」等，常被人掛在嘴邊的這些話，往往只是說說而已的社交辭令；但我卻不這麼認爲，我是那種一旦說出口，即便需要花點時間，也會設法遵守承諾的人。

大部分的人都會被我嚇一跳，卻也很開心地說：「沒想到松浦先生還記得呢！我都忘了這件事。」我也會回道：「當然啦！我們不是約好了嗎？」我認爲，再怎麼渺小的口頭約定都要努力遵守。

我想就算沒履行承諾，絕大部分的人也不會覺得「松浦先生怎麼沒有遵守承諾」。但基本上，要是我沒有秉持這般原則，就會覺得自己的信用儲金變少。

當然，我並不是要求對方回報什麼，只是單純認爲這麼做能夠讓對方牢記彼此的約定，同時也是維繫良好人際關係的一大要點。

越是微末的約定，越要確實履行，而且不宜過分張揚。對方也許會因爲你記得連他自己都忘記的小事而開心不已。明白這一點，更能感受到遵守微小約定，是多麼令人開心的事。

爭鬥並不能讓你真的開心

21／50

我認爲人與社會之間也存在著「溝通」這個投接球。你是否想過，要是自己能改變，社會與周遭就會變好了呢？

基本上，周遭與社會是不會改變的，但你卻可以改變自己。因此，若想改變一切，就必須先從改變自己做起。或許是從頭開始的浩大工程，但總有一天一定能改變的。

所謂的改變，指的就是投接球的方法。首先，你要試著思考自己應該投出什麼樣的球？投出什麼樣的球能讓對方開心？才能幫助到對方？

基本上，我不喜歡與人爭鬥，因爲就算爭鬥，也得不到什麼；即便爭贏了，也不會感到開心。當然，在至今爲止的人生路上，我還是有和別人爭鬥的經驗。

在突顯自我想法的同時，往往會將矛頭指向某件事、某個觀點，這種態度很容易引發爭端。

想努力讓別人理解，就是一場永無止盡的付出。問題是，若希望他人能百分之百理解你的想法也很奇怪，不是嗎？對我來說，重要的是努力讓別人理解、進而接受的這段過程。

能夠完成一件大事，是多麼開心、幸福的事；但如果只是爲了肯定什麼，而去選擇否定什麼，雖然可以輕易地得到答案，卻省略了努力的過程。這對我而言，一點也不覺得欣喜。

我對任何事都奉行「PLUS MINUS ZERO（正負零）」這個哲理，我認爲，如何說服自己才是最重要的事。

記得父親曾對我說：「雖然你做的雜誌得到不錯的評價，但不要忘記，如果有100個人稱讚你，也會有100個人討厭你。」意思是，一且起了什麼作用，勢必也會引起反作用。

雖說用「敵人與夥伴」這個字眼來形容似乎有點誇張，但一定有人和你的看法不同，持反對意見，而且最好要謹記，他們對你的批評幾乎都是正確的。

相反地，好夥伴的意見反而不見得是正確的，這又是爲什麼呢？因爲敵人會從你意想不到的角度具體地分析你的看法，所謂「忠言逆耳」就是這個道理。

好比有人在部落格PO上批評我的文章：「我很討厭松浦先生的這一點。」這類的指責幾乎百分之百都是正確的。雖然我不會刻意去找什麼批評自己的文章，但若看到的話，便會覺得「沒錯！這番批評是對的。」我也會抱持著感謝且虛心接受。

但畢竟我也是人，也會有沮喪、難過的時候，可是我會努力告訴自己——有批評我的人，就會有肯定我的人。況且，要是這世上沒有人關注你，也沒有人在乎你，豈不是更寂寞嗎？

這就是我奉爲人生圭臬的「PLUS MINUS ZERO」。

對我來說，不管是正面的肯定或是負面的批評，都是至爲重要的珍寶。

別讓「異性關係」成為工作的絆腳石

22／50

任職於《暮しの手帖》的我，也以作家身分在出版業發展。其實，不論是哪個業界皆然，有一直都很努力的人，也有不把工作當一回事的傢伙。這和公司裡有人可以往上爬，有人卻只能原地踏步的道理是一樣的。

某次，有人問我：「您一直以來都能以自由作家身分活躍於業界，究竟有何祕訣呢？」當然，這與個人努力、意志與行動力有關，但那時我忽然想到一個有趣的答案。我回答：「可能是因爲我沒有什麼複雜的異性關係吧！」

不光是出版業或媒體界，無論哪個行業都需要與人往來，免不了要應酬。像我因爲工作關係，就有不少認識及結交異性朋友的機會。但根據我的經驗，輕易與工作上往來的異性發展出公務以外關係的人，下場都不是太好，甚至還會被迫放棄工作。

因此，一定要特別留意異性關係。雖然這種事不用說也明白，但因爲實在很重要，所以我一定要讓25歲的你明白這一點。

我年輕時也有許多認識異性的機會，雖然心裡難免衝動，但都會提醒自己一定要把持住。當我以自由作家身分爲雜誌撰稿時，接觸的多半是女性編輯，想進一步發展也不無可能，況且多是女方主動邀約吃飯、喝酒。

雖然不能說我有什麼道德潔癖，但我對複雜的異性關係絕對敬謝不敏，因此，我在這方面的自我規範，可說是能長久從事這份工作的訣竅之一。反觀周遭那些異性關係複雜的攝影師、造型師、寫手和作家們，果眞工作都無法長久發展。

在美國，如果接受對方共進晚餐的邀約，表示對對方有好感。若是沒有的話，一般都是提議「一起吃午餐」，即使委婉拒絕也不會破壞彼此的關係。

所謂無風不起浪，大家都喜歡八卦。無論是哪個業界，一旦沒有處理好異性關係，就算工作晉升到某個程度，也無法持續發展下去，因爲你的所作所爲都會被用放大鏡檢視。

這麼一來，異性關係複雜的人一定會嘗到挫敗。像那種乍看之下對異性很有一套，其實個性很認眞的人，反而格外能讓人留下好印象，這點男女皆然。

總而言之，面對職場上的異性關係一定要自我規範，就好像每個人都有機會當上部長，但異性關係一旦沒有釐清，就會成爲仕途上最大的絆腳石。

令人意外的是，很多人都覺得這沒什麼大不了；但現實絕非如此，異性關係其實是莫大的陷阱。

我不喜歡成為別人茶餘飯後的話題，也很討厭別人戴著有色眼鏡看我，也許暗地裡亂搞不會被發現，但既然身在職場，就應該公私分明，這是召喚幸運與機會的要點，也是攸關成敗的關鍵。

特別是年輕時的誘惑眾多，無論從事哪一行，都不能將誘惑誤解成機會。

適時去一下「洗手間」，
緩解緊繃的情緒

23／50

在職場上，難免得面對重要的協商、交涉等氣氛較緊繃的場合。過了40歲也許早已見怪不怪，但對剛踏入職場的年輕人來說，這可是一大考驗。

每當會議氣氛緊張的時候，我都會藉故去上洗手間。「不好意思，我去一下洗手間」光是暫時離席這個舉動，就能讓雙方稍微放鬆一下。

不可思議的是，每次前往洗手間的途中，我的腦中就會浮現出各種想法，像是待會兒要怎麼說，或是換個方式協商比較好等等。

公司內部會議時也一樣，當遇到關於預算和經費等較敏感的問題時，氣氛也會變得緊繃。雖然有人選擇針對問題繼續協商，但此時我通常會起身上洗手間。

上洗手間是正常的生理現象，應該不會有人阻攔才是。因此，每當陷入僵局或一觸即發的局面時，我建議各位，起身上洗手間就對了。不但能理所當然地暫時離席，還能讓腦子清醒一下，重新思考該怎麼做才好。

許多資深採訪者，都會提到採訪時的一個要點，就是「訪談時，最好提醒自己適時去一下洗手間」。因為當採訪方努力提問時，被訪對象也會認眞回答，雙方往往很容易陷入疲乏的狀態。

此時，不妨到洗手間讓腦子清醒一下，再回來繼續工作。重要的是要讓自己放鬆，從不同的觀點思考事情，也才能改變事情發展的狀況。

在這個時候你最需要做的就是放鬆，才能發揮實力。20幾歲的你，也許性情比較衝動，容易說錯話；或是在簡報前，因爲過於緊張，無法充分表達自己的想法，所以更該善用「洗手間」策略。

就算不是眞的想上也沒關係，不管是洗手或洗臉都好。藉由洗手這動作，也可以釋放緊繃的情緒、安定心神。而且洗手還有轉換心情、重整心緒的效用。

你的首要目的，是暫時從僵持不下的氣氛中抽身。

即便是會議室外頭或樓梯間都好，只要能讓自己稍稍冷靜腦子就行了。若想獨處片刻，重新思考對策的話，洗手間仍是最佳的選擇。記得，做三次深呼吸之後，再回去開會。

不要單憑外表評斷一個人

24/50

無論何時、何地都在尋找優秀人才的人，若不是負責掌管人事的高階主管，就是具有社經地位、擁有一定影響力的人。看起來有錢有勢的人，八成是哪家公司的老闆，或是什麼了不起的人物。

不過別忘了，有些人雖然看起來不怎麼樣，實際上卻是不容忽視的成功人士。

眞正有實力的人並不一定會穿戴名牌，看起來與一般人無異，根本感覺不出他的特別之處。所以千萬不要單憑外表來評斷一個人，也不要成爲別人眼中喜歡攀附權貴、並非眞心對待他人的傢伙。

我認識的成功與富貴之人，其實都是那種名不見經傳的人物。爲什麼呢？因爲眞正有錢的人非常低調、不會炫富，他們不開進口車，出門多以計程車代步。

也就是說，他們只會將錢花在能享受到VIP服務的地方，這才是眞正有錢人的作風。

爲了工作所需或交際應酬，有錢人也會上銀座的高級酒店消費，尤其在那種地方，看起來不像是有錢人的人，往往才是眞正的有錢人。畢竟常去高級酒店消費容易曝露身分，所以他們的穿著打扮一向十分低調，甚至連名錶都不會配戴。

而且眞正的有錢人往往具有敏銳的觀察力，以及識人的眼光。他們在尋找優秀人才的同時，也會發現自己的可能性。

我覺得這一點眞的很棒。想想，這也是理所當然的，因爲在提醒自己「留意優秀人才」時，也能爲自己開拓更多機會。

尋找優秀人才這件事，也是我現在的工作之一，所以不論是走在街上或是搭乘電車時，我隨時隨地都在留意。譬如：若眼前有個空位，你是一屁股坐下去，還是在意周遭目光，默默地坐下去呢？假如是後者，我的解讀是：「這個人絕對能做事，而且懂得體諒別人」所以我對這樣的人特別感興趣。一旦產生興趣，就是連結新機會的開始，像是訂立新企劃案，或是開店需要招募人才時，最先想到的就是那些被我列入口袋名單的人。

再回到「外表」這點，我自己也有一套裝扮哲學，那絕對不是跟隨流行，而是講求得體的美感。我認爲，包含髮型在內，整體穿著打扮予人乾淨、合宜又自然的印象，才是最佳的外在表現。

打造自己專屬的發聲平台

25／50

如果我現在25歲的話，一定會打造自己專屬的發聲管道，無論是Blog、Twitter還是Facebook，只要能對外發聲就行了。建立一個能針對不認識的人，或是不特定的多數人發送訊息的平台，是一件非常重要的事。

而且一定要具名、露臉，否則根本沒人曉得你的存在，只是做白工罷了。或許有些人不想具名和露臉，是因爲擔心引起什麼麻煩。但麻煩也是一種經驗，只要提醒自己別再重蹈覆轍就行了。具名雖然要負責，卻也是促使自我成長的一大要因。所以選擇不具名，眞的很可惜。

我年輕時還沒有網際網路，但我一直都很想有個專屬的發聲平台，倒不是爲了成名，而是想要更了解自己。第一次將這念頭付諸行動，是參加在代代木公園舉辦的跳蚤市場。現在每逢週日還是有跳蚤市場。記得當時我每次擺攤，賣的都是在美國蒐購的二手書、國外雜誌的彩圖、還有自己的二手衣。

跳蚤市場總是吸引不少人共襄盛舉，有來挖寶的買家，也有賣些破爛物品的賣家，而我的攤位始終是最醒目的一個，因爲我的目的便是打造「專屬於己的發聲平台」。

每次擺攤時，我都會努力思索這次要如何陳列、下次要蒐集什麼樣的物品。有趣的是，擺攤結識的夥伴還會特地跑來找我，原本就很喜歡蒐集東西的他總會問我：「今天帶什麼來賣啊？」然後搶先買走最好的東西。久而久之，與擺攤夥伴之間的交流，遂成了我的第一次企劃活動，再來才是與一般客人交易的第二次企劃活動。我很享受這種面對面的往來方式，也捨不得錯過每一次的擺攤機會。

跳蚤市場對我來說，就像現在所說的「平台」，也就是媒體。你永遠不曉得機會何時到來，有時還會有意想不到的名人偷偷來逛跳蚤市場。正因爲不曉得什麼時候、什麼人會來光顧我的攤子，所以我每次都很愉快地準備擺攤事宜。

知名部落客及女攝影師的Rei Shito就是我很佩服的一號人物。她從大學時代開始，便以眞名經營名爲「おしゃれスナップ（時尚快照）」的部落格；以她的優雅品味和幽默觀點，和大家分享各種事。現在她不僅在雜誌上連載文章，還主持廣播節目呢。

雖然隨著時代潮流改變，如何表現自我、如何發聲的方法也各異其趣，但就算是個平凡的上班族，還是要有自己專屬的發聲平台，才有機會邂逅各式各樣的人，與他人分享內心的感動，發展出嶄新的人際關係。

不要輕忽百分之五的獲利

26／50

25歲時的我，因爲光靠理想無法生活，所以晚上還兼了時薪8百日圓的工作，就算熬夜工作，月收入也只有15～16萬日圓。週末則是去代代木公園的跳蚤市場擺攤，多少累積了一些每週都很期待我會帶來什麼好貨、還沒開始就在攤前等待的熟客。

因此，我從不覺得自己是一小時只賺8百日圓的打工族，而是「自營業者」。說得酷一點，就是創業。雖然當時的我並沒有這種念頭，但我很希望現在的年輕人也能挑戰這股「創業精神」。

若想自行創業的話，我建議起碼先準備10萬日圓的創業資金。以前我擺攤販售二手貨時，是以達到5％的盈利爲目標，假設10萬日圓的話，就是盈收5千日圓。目標不是2倍或1.5倍，也不是1成，而是5％。

這目標看似簡單，其實要從10萬日圓增加到10萬5千日圓，並不是一件容易的事；反而是一口氣從10日圓提升到20萬日圓，這種「一次定勝負」的作法簡單多了。只是風險較高，也不持久，就算贏了一時，也無法保證能夠持續下去。

所以我的作法是將10萬日圓變成10萬5千日圓，再設法以10萬5千日圓爲底，增加5%，再增加5%……。只要累積獲利15次，便能達到獲利20萬日圓的目標，逐漸增加手邊的資金。

以自己喜好的物件爲商品，著手企劃如何銷售，我認爲是非常有助於將來創業的一項訓練。如果你喜歡洋裝，就投入10萬日圓做爲採購資金，然後透過網拍等的管道販售，或是參加跳蚤市場也行。

其實，在跳蚤市場能學到不少東西，有人成功，也有人失敗，有時候還會遇到名人。但對我來說，在跳蚤市場「創業」的這段經歷，最大的收穫就是無法預測的「化學反應」，但這也造就出加速前進的我。

所謂「化學反應」，就是自己不主動便無法開始的事，也就是機會。連結下一個機會的第一步小成功非常重要，無論是大成功或小成功，只要開始做出一點成績，便能吸引周遭注意。唯有做出一番成績才能建立信用，機會也就隨之而來。

我就是這樣勉勵自己一步步走過來的。在此我要送給25歲的你一句話：「累積一個個小成功」。造就小成功的大前提，莫過於努力讓「創業」這件事持續下去。

小勝美學

27／50

我絕對不鼓勵賭博，自己也不碰。但年輕時，有一位很照顧我的賭博高手友人曾對我說：「賭博這玩意，有所謂的『1137原理』」，頓時讓我有種恍然大悟的感覺。

讓我來說明一下這個理論吧。一開始賭的是1千日圓，若賭輸的話，就再賭1千日圓，若是又輸的話，為了賭贏就不能只賭1千日圓了。也就是說，因為已經賠掉2千日圓，所以這次必須賭上3千日圓。若是賭贏的話，只憑一次就能贏1千日圓，到此是「113」。

萬一賭上3千日圓還是輸的話，接下來該如何呢？

根據「1137原理」，接下來就是賭上7千日圓，而且從是否願意賭上7千日圓，便能看出高手與素人的差異。若是贏的話，就算三連敗賠了5千日圓，只要贏一次，就能倒賺2千日圓，所以「1137

原理」是賭博界奉行的規則。此外，若賠率是一半一半，就算連輸三次，第四次贏的機率也很高。

記得我在代代木公園的跳蚤市場擺攤時，有那種以「大賺＝全部賣出」爲目標的同業。但有人大賺的同時，一定也有人大賠。無論你是賣二手書還是賣二手衣，面對的都是顧客，畢竟販售的物品不可能完全滿足顧客的要求，所以只要有一半的商品能迎合顧客口味就很不錯了。

但問題是，這樣是做不了生意的。爲了讓生意能夠持續下去，保持6比4是最理想的情況，就算小賠，也還在可以承受的範圍內。

這個原理也適用於工作、人際關係以及日常生活。正因爲不可能所有事情都依照我們所預設的進行，所以若想實現自己的願望，就必須先懂得服輸、謙讓，我認爲這也是待人處世的道理。

當你有求於人時，不妨活用「1137原理」，也就是一開始至少三次，先謙虛地聽聞對方的看法；而人際關係就是這樣構築起來的，絕對不是什麼狡猾的手段。

商場交易亦然。若你希望對方能買走獲利率較高的商品，就要刻意多算幾次便宜，藉以取得對方的信賴，讓對方覺得向你買東西有賺到的感覺。反覆幾次之後，對方就會向你購買比較高價的物品。

「1137原理」也教導我們一個人生哲學，那就是爲了連續獲勝，必須強迫自己做某些事、某些決定，雖然它們不見得全都是好事。

但相反地，就算努力奮戰後失敗了，也會成就「失敗的美學」贏得他人的讚賞，自己的價值觀也會隨之改變，不再那麼計較勝負。

當然，不是叫你故意失敗，因爲好運也是需要努力爭取的；但就是不要過於計算得失。爲了不被致命的傷害擊倒，平常就要學著接受無傷大雅的失敗，這是年輕時很難體悟的道理。

資深相撲力士就是最好的例子。他們每一次上場比賽都是認眞以對，絕對不會因爲對方挑釁而做出踰越的行爲。因爲他們明白，唯有如此，才能以專業之姿持續努力下去。

相撲界也有所謂8勝7敗的「小勝美學」，這可說是驅使自己堅持下去的動力。

學會獨立

28／50

無論面對任何事，保有獨立性是很重要的。

年輕時比較會在意周遭的反應，這算是一種同儕意識吧。譬如，「大家一起做某件事」、「大家一起去某個地方」，很容易在別人的一聲吆喝下跟著行動。然而，「大家一起做什麼」的集體意識，其實是極度不自由的，希望大家能明白這一點。

基本上，這種意識只會妨礙、限制你的發想與意念。我認爲，當自己想要做什麼、或是面對什麼挑戰時，並不需要任何人的幫助。爲什麼呢？唯有獨自行動、獨立思考，才能眞正學到東西，確實感受到什麼。

所謂獨自行動，並非不與他人來往，畢竟職場講求的是團隊合作，就算是個人提出的企劃案，也需要他人協助才能順利完成，所以這種情形另當別論。

但我從來沒有想要和別人一起做些什麼的念頭，20幾歲時的我就有強烈的獨立意識，不喜歡成爲別人口中的「那一夥人」，也不想被別人歸類爲「某個派別」。

人們渴求團體的歸屬感，但我並不會這麼做，因爲我覺得什麼事都和別人牽扯在一起，絕對是百害而無一利。

特別是年輕時容易受同儕誘惑，我當然也被誘惑過，但當我親身嘗試後，發現和別人一起做些什麼，其實是很無趣的事。像是和別人一起去看畫展，我明明想花兩、三個鐘頭好好看展，但和別人一起時就沒辦法待這麼久，到頭來也只能埋怨自己到底在幹什麼呢？

我認爲，和別人一起做些什麼，並沒有值得深刻玩味的意義，所以我不論做什麼都是獨自行動。大家常將一起去看電影、一起去買東西、一起去做什麼之類的事掛在嘴邊，我實在無法理解這種感覺。因爲這種行爲毫無失敗、成功可言，不是嗎？

我從不覺得和別人膩在一起，能夠理解到什麼、學習到什麼，也不認爲是因爲自己不夠成熟而無法有所獲得，因爲許多重要機會都是突然降臨的。

當然不可能二十四小時都膩在一起，然而，一旦發生什麼事時，還是會心生「要是有人陪在身旁就好了」的感慨，對吧？

我想告訴25歲的年輕人，之所以會這麼想，就是因爲你什麼事都做不好。爲什麼呢？因爲你沒有能力，以爲和別人一起就能夠做些什麼，其實這根本只是幻想。

我們生來就是一個人，孤獨是生存的最基本條件。正因爲能夠接受孤獨，了解自己，才能理解別人、體貼別人、建立友情，也才能發展出豐富的人際關係。

這和「打造自己專屬的發聲平台」是一樣的，擁有展現自我的場子，才能做自己想做的事，表達自己的想法。

如此一來，情報與人脈就會自動匯聚，這也是必須靠自己的力量才能做到的事。一個人發聲與集體發聲所展現出來的向心力是截然不同的。

爲了傳播向心力的種子，就必須靠自己的力量，從累積小成功、小成果開始做起。

厚臉皮也是一種積極的表現

29／50

如果看到朋友和認識的人走在馬路另一邊，你會有什麼樣的反應？我會毫不猶豫地大聲向對方打招呼。

17歲就去美國的我，學會了「厚臉皮」。其實就某種意義而言，厚臉皮並不是什麼壞事，沉默反而會被視爲危險人物，讓別人起戒心。所以主動打招呼是很重要的。

主動打招呼，不但能告訴別人自己不是什麼危險人物，還能將自己的想法傳達給對方，讓對方覺得安心。對於不清楚歐美生活習慣的我來說，簡直是再新鮮不過的體驗了。

在日本，周遭的人要是見到你沉默不語，一定會問：「你還好吧？」、「你不是有什麼話想說嗎？」就算你什麼都不說，別人也會揣測你的心思。但在美國就不是這麼一回事了。一旦你選擇沉默，對方不但不會在意，還會漠視你的存在。

所以若想做些什麼，一定要學著厚臉皮一點，讓對方感受到你的積極，才能得到別人的認可。若不夠積極，不僅會失去對事情的主導權，也無法展現自己。

不過，若在日本表現得太積極，只怕會惹人嫌。當然，像那種無視周遭反應，厚臉皮到令人皺眉的程度著實不可取；但稍微表達自己的意見，試著往前踏出一步的積極性還是必要的。因此，我希望現在25歲的你能學著厚臉皮一點，變得積極些。

就某方面而言，厚臉皮也是一種積極的表現。好比今天要開會，比別人早一點到，坐在最前面的位子；或是認爲自己必須明確表達意見，就算與在場眾人爲敵，也要厚著臉皮說出來。

決定豁出去的勇氣與瞬間爆發力非常重要。

或許會因而心生不安，擔心被他人討厭；然而，很多時候就是需要下定決心，不顧一切地往前衝，才能成功。不對，與其說是成功，不如說是認同自己的實力。自我認同也是一種成功體驗，正因爲切實感受到，才能成爲鞭策自己前進的最大動力。

我也曾遇到公司資金周轉出問題，險些破產的窘境。那時的我厚著臉皮，四處向親朋好友拜託，好不容易才籌到1億日圓。我認爲，不能因爲自己只是受雇於人，就覺得事不關己，當公司面臨非常時刻，也要有身爲公司一份子的自覺，盡力協助公司度過難關。

因此，厚臉皮其實也有身爲當事者必須積極行事的含意在。

過分客氣反而失禮

30／50

我以前不明白這個道理，但現在只要別人請客，我都會點最好的東西。

20幾歲時的我，受到許多前輩的照顧，可說是衣食住不虞匱乏。有位朋友經常請我去某家壽司店，雖然他總是說：「喜歡吃什麼盡量點。」但畢竟是對方請客，總覺得不太好意思。直到有一次，他對我說：「當別人請客時，你就應該點最貴最好的東西，這樣才不會失禮。」他的這番話讓我受到不小衝擊。

因爲對方很開心地想請我們吃一頓，所以就應該吃得盡興點，才不會辜負對方的好意。他還教導我，既然對方說要請客，就無需在意對方的荷包。雖然這是一種讓對方做足面子的厚臉皮，卻也是體貼對方的表現。

我最開心的事就是請年輕朋友吃飯。難得長輩請吃飯，要是過分客氣反而失禮，不但失了用餐的樂趣，也辜負長輩的美意。因此，接受他人款待時，千萬不要過分客氣，適度厚臉皮是必要的。

誰說被請的一方就不能點比請客方還貴的料理，根本沒有這樣的禮儀，也別搞錯客氣與謙虛是兩碼子事。打從心底愉悅地享受對方的款待，對方一定也會感受到你的謝意，覺得很滿足。

雖然我不會建議別人這麼做，但我每次和比自己年輕的人一起吃飯時，一定會掏錢買單，可能是因爲年輕時和長輩一起用餐，付錢的人永遠不是我的緣故。當時，無論受邀去哪裡用餐，我只管道謝就行了。記得有位長輩曾說：「等你成了人家的長輩時，再換你請客就行了。」我一直將這句話謹記在心。

雖然和比自己年輕的人一起吃飯時，大家都很客氣，當然也有人表現得落落大方，毫不避諱地大快朵頤。看到他們吃得開心，我也非常高興；若是過分客氣，反而讓我覺得有點掃興。

人與人之間本來就該有來有往，就像每次我去國外朋友家時，他們都會熱情地招待我，所以我也不客氣地盡情暢遊。等他們來日本玩時，我也會竭盡所能，好好地招待他們。

最近，有一位巨人隊迷的台灣朋友來日本看比賽，我特地幫他訂了名爲「レジェンズ シート (Legends Seat)」的特別席，就是解說員桑田先生和篠塚先生觀賽解說時坐的位子。雖然純粹只是爲了讓朋友開心，但看到坐在旁邊的他露出燦爛笑容時，我眞的打從心底覺得很高興。其他朋友來日本玩時，我也會努力讓對方感到盡興。我很喜歡透過這種方式，讓喜悅的心情一直延續下去。

培養旺盛的求知欲

31／50

尤其是剛進公司不久的25歲年輕人，更應該多看書，當作一種自我投資。自我投資不一定要花錢，也可以利用時間做些有意義的事。40歲之後，忙碌程度絕對比25歲時來得高，閱讀時間也會相對減少。

我從書籍和電影學到許多事，若問我閱讀什麼樣的書比較好？我會回答：「挑你喜歡看的書就對了。」若問我推薦什麼類型的書，我應該會推薦歷史類的書吧。

爲什麼是歷史類的書呢？因爲我們可以從中學到許多事物。綜觀歷史，就算追溯到好幾百年前，人類的本質還是沒什麼改變。所以閱讀歷史能讓我們發現，人類總是重複做著相同的事，像是欲望、成功、失敗等，這種發現與認知，也會影響我們的人生哲學。

我們或多或少能從歷史中找到吸引自己的時代、主題與人生道理。以我來說，我對鎌倉時代的僧侶道元十分好奇，對於他將在南宋中國學習到的新知識、新型態的生活方式等，帶回日本的傳道過程很感興趣。受到道元的影響，我對中國也很感興趣，非常喜歡研究中國歷史的古老傳說。像這樣由一個點出發，好奇心也跟著逐漸膨脹。

我在25歲時，突然悟出一個道理。那就是趁自己還活著時，應該多看書、多看電影、多參觀藝文展覽、多聽音樂。拋開個人喜好的偏見，就算要花點時間也是值得的。

有些人終其一生都不曉得人生有那麼多有趣的事，實在太可惜了。鎖定一個自己感興趣、想要研究的領域，就能將它變成美好的事物，不是嗎？

也就是說，打造一段透過文化接觸，磨練自我感性的時間。像是參觀國寶、名勝古蹟、名品之類的美麗事物，趁年輕時多方投資自己，貪婪地吸收就對了。

對年輕時的我來說，閱讀是消除煩惱的一種方法。我很喜歡閱讀植草甚一、司馬遼太郎的著作，然後透過植草的著作接觸到美國作家傑克．凱魯亞克（Jack Kerouac，1922~1969）的代表作《浪蕩世代（On the Road）》，以及亨利．米勒（Heney Miller，1891~1980）的《北迴歸線（Tropic of Cancer）》，都讓我讀到忘寢廢食。

本多勝一先生的報導文學系列也一直是我的愛書之一。國中一、二年級的我第一次接觸到他的作品時，頓時有「真實世界就存在於這本書裡！書中有好多學校沒教的事！」這種難以言喻的興奮感。

透過本多先生的著作，讓我感受到許多前所未有的衝擊，也激發我想要了解更多事物的好奇心。

其他像是看展覽、觀賞戲劇、歌舞伎、能樂等傳統表演藝術，或是聽演唱會等，都是一種自我投資。當然也會遇到自己無法理解的事物，但我都會告訴自己不能這樣一知半解下去，總有一天要再找機會挑戰。

雖然以無聊做爲否定的理由是最簡單的評價，卻也代表你對某件事物的好奇心就此打住，實在非常可惜。

身爲社會的一份子，很多事必須先摒除風險，才能參與其中。換句話說，天下沒有白吃的午餐，花時間和金錢投資自己就是這樣的感覺吧。

「風險」＝「付出代價，卻得不到什麼」，基本上，接觸文化事物就是一種經驗的累積。

模仿是塑造自我風格的重要過程

32/50

年輕的特權之一就是模仿。無論是裝扮、措詞、說話口吻，找個崇拜的前輩，模仿他就對了。

我很容易受別人影響，好比早上遇到自己很欣賞的人，下午就會模仿他做些什麼。雖然我也有自己的原則，但明白自己還不夠成熟，所以會不斷向欣賞的前輩看齊、學習。

最近，我終於有機會認識到一直很崇拜的糸井重里（1948年～，日本知名作家、廣告人、電子遊戲創辦人），有幸和他會談後，深受他的影響，整整兩、三天完全「糸井先生上身」，但狡猾的我只挑糸井先生的優點模仿。

也許有人覺得模仿別人很遜，但「模仿」這字眼本來就是從「學習」這詞衍伸而來，可見模仿就是一種學習。我希望年輕的你明白，模仿是一段塑造自我風格的重要過程。

記得25歲時，一位十分照顧我的前輩曾帶我去表參道的酒吧「Bar Radio」，記得老闆尾崎浩司先生曾說：「工作就是學習何謂正確的禮儀與舉止。」雖然當時的我不太明白這句話的意思，仍對於雖是許多人打從心底尊敬的對象，卻始終謙和有禮的尾崎先生感到憧憬不已。

帶我來的長輩只說了一句：「還請多多照顧這孩子。」尾崎先生便對我說：「歡迎你隨時過來。」還特地爲不太會喝酒的我，調製一杯只加一點酒的雞尾酒。坐在吧台一角的我，靜靜觀察尾崎先生的待客之道、應對進退等，上了一堂很寶貴的課。也對尾崎先生的翩翩風采、人品涵養深深著迷，一心想模仿這位讓人崇拜的前輩。

尾崎先生的品味非常好，連酒吧裡使用的雜貨都是店裡的原創設計。原子筆的設計是尾崎先生偏愛的裝飾藝術風格，以銀色墨水管，搭配硬橡膠材質筆管。尾崎先生見我非常喜歡，某天竟然送我當禮物，再也沒有比獲贈 Bar Radio 的原創設計原子筆更開心的事了。即便如此，我明白自己不能一直耽溺下去，這裡不是安身立命之所，便毅然決然地結束這段緣份，飛往美國。

時光流轉，二十年過去了。最近，我在一篇名為「自分の宝物（自己的寶物）」文章中，提到自己一直珍藏著尾崎先生送我的原子筆。沒想到，某天突然收到一封用法國 Lalo 公司出品的藍色信封寫的信，我一看就知道是尾崎先生寄來的。信上寫道：「謝謝你在書裡提到我送你原子筆的事，我也一直拜讀你在雜誌上連載的文章。」感動萬分的我立刻提筆回信，我們就這樣通信了一段時間。

我人生中認識的第一位優雅成熟男性，就是尾崎浩司先生，他一直記得我，還主動寫信給我。我覺得他和以前一樣風采翩翩，令人崇拜不已。這份憧憬他的心情，成了我每天的活力來源。

做好健康管理

33／50

對於進入公司幾年後、25歲的我來說，最重要的工作就是做好自我健康管理，絕對不讓自己感冒。

雖然我常提醒公司同仁一定要注重健康管理，但年輕同事每年還是會因爲感冒請假兩、三天。雖然感冒發燒、請假看病也是人之常情，但恕我說句不客氣的話，好歹已經是成年人，卻連最基本的自我健康管理都做不好，不免讓人懷疑他們到底過著什麼樣的生活？

雖然也有傳染性強的病毒型感冒，但之所以感冒，就是疏忽自我健康管理的緣故。我是那種努力不讓感冒病毒上身的人，平時就非常注重洗手、漱口等衛生習慣。

努力保持全勤的人，在公司肯定備受信賴；相反地，老是在重要時刻缺席的人、經常因身體出狀況而請假的人，信賴度勢必大打折扣。尤其是年輕時，一定要將自我健康管理列爲首要功課，才能充分展現自己對工作、社會的積極態度。

即使患有慢性病，也應該努力保持健康的一面，所以對於身體較差的人很可憐這種說法，我頗不以爲然。此外，週一請病假的人，我也是印象很差。就是因爲週末假日沒有讓身體充分休息，週一才會請病假，這曝露了生活散漫的事實，這樣的人肯定會被我列入黑名單，現實世界就是這麼嚴苛。正因爲年紀輕，還無法擔負重要的工作，至少要每天活力十足的上班，一步步累積自己的信賴度。

養成規律的睡眠習慣，是最基本的健康管理，要是連最基本的常識都無法實踐，肯定無法做好健康管理。奇怪的是，大家都曉得健康管理的重要，親身實踐的人卻不多。我不免想，正因爲親身實踐的人不多，意味著競爭對手並未增加，所以我才能依舊如此活躍。雖然這種說法有點毒舌就是了。

保持基本睡眠時間，是健康的首要之道。我自從30幾歲時，因爲過勞而導致健康亮起紅燈後，便養成每天睡足7小時，早上5點起床的習慣。當時的我因爲是SOHO族，生活作息不太正常，幸好及早發現再這樣下去不行，要是能更早察覺更好。自那之後，我嚴守每天睡足7小時，晚上10點就寢，有時甚至九點半便上床睡覺。

正因爲是SOHO族，若要長久工作下去，生活作息就應該比一般上班族更加規律才行。但，應該不少人都曾迫於無奈，需連續熬夜兩天工作吧。若平常生活作息很規律的話，便能倒推時間，合理分配每天的工作時程。

就算再怎麼功成名就，一旦健康出狀況，就什麼都結束了。人生好比跑馬拉松，目的就是跑完全程，因此，一定要努力保持健康的體魄啊。

34／50

「會議」是表現自我的大好機會

在無論是「暮しの手帖」還是「COW BOOKS」都沒有開會的習慣。原則上，我們都是採一對一的溝通方式。只要平常勤加溝通，根本沒必要特地抽空開會。基本上，只要養成所謂「報・聯・商（報告・聯絡・商談）」習慣，就可以省去許多無謂的程序，也能徹底解決問題。

當然，我們公司也不是完全不需要開會，像是「報告會議」以及分享情報資源的「例行性會議」仍有其存在必要。爲什麼呢？不論任何工作，我們都是以一週、一個月、三個月、半年爲時間軸來設定進度、管理工作排程及訂立目標，然後思考自己該如何進行，推估交出來的成果以及接下來的計劃等，這些事情都必須讓公司全體同仁明瞭才行。

會議周期視各家公司的情況而定。對年輕人來說，例行性會議是最能表現自我的大好機會。因爲能在眾多參與會議的人面前進行報告，還有機會發表自己的意見，搞不好還能得到別人的肯定，這種機會豈能錯過。

可惜，很多人都沒有把握這大好機會，想說反正是例行性會議，所以多半抱著不太情願的心情出席，只是事務性地報告自己的工作狀況，別被上頭的人抓包就好了。

但仔細想想，這個場子可是展現想法，讓別人見識到你面對工作的態度，提出見解的大好機會。而且所有人都能看到你的臉、聽見你的聲音、穿著打扮等，能夠充分展現對工作的熱情、付出多少努力，使他人對你留下深刻印象。

不少成功人士都習慣提早進會議室，默默觀察公司同仁走進來的樣子；也就是以人事考核的觀點，觀察這個人的工作態度、個性，以及今後的發展等。除了應對進退之外，像是一個人的坐姿、積極性等，都能透過會議這個場合來瞭解。

因此，一定要提醒自己，居上位者隨時都在注意底下的人的工作態度。所以態度散漫地打招呼，或是一臉不情願地參加會議的人，就算工作能力再強，表現再怎麼優秀，也會被貼上負面的標籤。即便沒有提出新的企劃案，只要展現對工作的認眞與熱情，就能在無法數據化的人事品評上得到高分。其實，居上位者很清楚善於討好取巧的人，與不擅言詞卻很認眞努力之人的差別，所以務必積極展現你對工作的熱情。

因爲我一直以來都是居於尋找人才的立場，隨時都在觀察公司同仁的工作態度。像是會議或朝會時，只要能感受到對方的熱情與認眞，我也會毫不吝嗇地給予機會。

設法讓別人
成為你最強的後盾

35／50

身爲公司或組織的一份子，你會得到許多來自別人給予的機會、批評與信賴。用世俗一點的說法，就是增加別人對你的信賴感，出人頭地的機會就越大。

換句話說，就是設法讓別人成爲你的夥伴。雖然工作上力求表現很重要，但光求表現是不夠的。譬如，就算有5人或10人認爲某人適合勝任部長，但人事方面仍遲遲無法通過，是職場常見的情況。

那麼，什麼情況下才會促使這件人事案儘速通過呢？答案是，只要有一個人極力推薦就行了。

而且這個人必須具有一定的公信力，只要是他認可的人，一定有升官資格。若只是「這個人還不錯」之類的評價，人事方面絕對不可能立刻定奪，所以你要做的，就是得到別人的信賴，讓他們成爲你最強的後盾。

讓別人成爲你最堅定的夥伴這件事，不能光憑工作表現，無法數據化的信賴感才是最重要的關鍵。因爲出人頭地這件事，其實與信賴感有著極大關聯。

或許公司人事案或企劃案的裁決，看起來似乎是少數服從多數，但其實不然。雖然不可能要求所有事情都做到公平，但無論任何事，都必須由一位可以做裁決的人主導，事情才能順利進行，這就是組織的架構。

想要在公司出人頭地，除了本身要有實力之外，還要有強力的後盾支援。所以不是擅於言詞、懂得討好別人，就能增加旁人對你的信賴感。而且居上位者也會從一些小事，像是用餐的禮儀、上洗手間時的習慣、開會時的坐姿、朝會時的站姿等，觀察一個人的脾性。

其實，我還有許多25歲年輕人應該知道的事，想和大家分享。雖然都是一些我在20幾歲時嘗過教訓所學到的事，但還眞是應驗了「不經一事，不長一智」這句話。

25歲時的我，自認是個手腕高明的職場老鳥；但過於賣弄小聰明的結果，就是總有一天會自曝其短。就像有一次，我遭前輩怒斥：「你只知道賣弄小聰明，卻忘了分寸。」

也許手腕高明能讓你在公司吃得開，卻無法成爲專業人士。我尤其討厭不懂分寸的人，一步一腳印，紮實地累積經驗與成果，這才是正途。

那麼，該怎麼做呢？靠的就是誠懇與熱情。懂得體貼別人、將喜悅帶給別人，展現誠意就對了。至於要領與技巧，只要願意學習便不難做到。

時常檢視工作狀況，決定優先順序

36/50

對上班族來說，開會是家常便飯之事。整理開會內容，寫成會議紀錄和備忘錄，是一件非常重要的工作。

但令人意外的是，究竟有多少人能在開完會當天提交會議紀錄和備忘錄呢？總是要等到上司問：「會議紀錄整理得如何？」才趕緊整理。在別人催促前先行提交，就是一件小成功，這道理適用於任何事。

基本上，工作相關報告要是無法當天提交，便失去其意義。爲什麼呢？因爲要是不當天整理，不但容易忘記一些細節，也不會記得將這件事做完，導致工作越積越多。

同樣的，道謝與道歉要是不當天做的話，就越來越沒有機會向對方表達心意。所以像是「會議紀錄」和「備忘錄」、「道謝」與「道歉」這些事，還是越早處理越好。

大部分的人遇到小問題，都會設法自行解決或延後處理，但上述提到的四件事情，還是盡量當天處理較好，因爲是否即時處理，也會影響個人的信賴度。

無論是多麼瑣碎的工作或是應對進退，都算是自己的一種成功經驗，只要一步步累積就對了。「他是那種一定會當天交出報告的人」光是讓周遭的同事留下這種印象，便不難想像別人會有多麼信賴你。

還有一件也是25歲年輕人容易輕忽的事，那就是檢視當天工作內容的優先順序。雖然檢視當天工作內容是理所當然的事，但不少人一旦決定優先順序後，便執拗地按照順序執行。

問題是，計畫永遠趕不上變化，所以最好養成隨時檢視工作狀況，視情形調整優先順序的習慣；很可惜很多人都疏忽了這點。若能隨時審視情況，機動性地調整優先順序，一整天的工作進度肯定會更加順利。

我們習慣照著最初訂立的計畫進行，無論如何，都必須趕在期限之內完成。但工作是流動的，要是沒有隨時檢視優先順序，往往會遇到措手不及的情況，導致原本應該今天做完的事，延到明天才處理。延後處理的結果，反而容易造成更多工作上的疏失。

因此，一定要養成隨時檢視優先順序的習慣，並視情況機動調整、隨機應變。

20幾歲時的我，非常喜歡使用美國品牌「THINGS TO DO」的記事本，用來書寫我每天的工作內容。因爲我會隨時檢視優先順序，所以工作進度總是非常順利。

別忘了，天下沒有白吃的午餐

37/50

也許是年輕不懂事吧。25歲時的我，總想著如何才能輕鬆賺錢，當時也有許多奇怪的誘惑，但我都會約束自己，絕對不能碰。

每天輕鬆工作就能開法拉利、坐擁豪宅，世上多的是這種充滿誘惑的廣告字眼或垃圾信，這些百分之百絕對是騙人的。然而，沒什麼錢的年輕人很容易被這些謊言誘惑。正因爲一心想變成有錢人、急著想做些什麼，才會被這些騙人的手法所惑。即便如此，還是有許多人相信，可見這些人多麼求財若渴。

這些利用人類的弱點，利用年輕人想輕鬆賺錢的心態而耍的花招，絕對會讓你「嘗到苦頭、懊悔不已」。自以爲是天上掉下來的大好機會，其實是陷阱。

現在最吸引年輕人的，就是靠不動產交易變成新貴的故事，或是大談海外成功經驗。這些人舉辦研討會、四處演講，成功吸引眾多年輕人聆聽他們如何賺進大把鈔票的祕訣。這些演講多半是免費入場，但一旦參加，就會被慫恿購買教戰手冊、相關書籍、DVD等昂貴的周邊商品。

在那種氣氛下，自然而然就被洗腦了，我覺得這種事眞的很可怕。因此，你一定要有「免費東西絕無好貨」的觀念，牢牢記住天下沒有白吃的午餐。

我是那種連路邊發的面紙也不拿，絕對不碰免費東西的人。因爲當你拿到免費東西的同時，損失的不只是錢，而是個資外洩，成了詐騙集團下手的目標，或是看到什麼不堪入目的廣告。所以就算是隨手拿的免費面紙，也可能會讓自己身陷險境。不要和免費的東西沾上邊，也意味著不要理會無緣無故的親切。

就算認爲會賺錢的人是人生勝利組，也應該去了解其他各種生活方式與價值觀，畢竟幸福是肉眼看不見的東西，只能靠自己判斷，即便生活樸實，只要自己覺得幸福就行了。

說得更具體一點，幸福就是不做自己不喜歡的工作。做自己不喜歡的工作不但無法長久，還會覺得痛苦，只會讓自己陷入不幸深淵。誰都可以輕言：「我一點都不幸福。」但之所以不幸福，不就是因爲自己的選擇與生活本質背道而馳嗎？唯有明白這一點，才會發現賺錢、博取名聲並不是人生的唯一目的。比起如何輕鬆賺錢，更應該明白有多少人因爲失敗而哭泣。

結交志同道合的朋友讓自己開心，也是一種幸福。俗話說：「朋友是一面反映自己的鏡子」，交友不該以利益爲出發點，擁有能帶給你激勵與影響的朋友，也令人感到幸福。

星巴克是打工的首選地點

38／50

25歲是容許自己還不確定未來的路該怎麼走的過渡時期，就某種意義而言，此時正值人生的鍛鍊期。

若一時找不到適合的工作，我建議找一家當前最受歡迎、最流行的店打工。如果我現在25歲，我會選擇星巴克，就算一星期只排一天班也沒關係。

爲什麼呢？因爲星巴克迷很多，展店迅速，算是經營得十分成功。雖然星巴克剛登陸日本時，的確給人耳目一新的感覺，但日本早已發展出自己的咖啡文化，全店禁菸的星巴克要在日本紮根並不容易。不過，星巴克卻成功克服重重難關，如今在日本也很受歡迎。

我認爲星巴克之所以受到歡迎，在於貼心的服務，也就是理想的待客之道。其實剛開始我不是那麼喜歡星巴克，只覺得又有一個外國品牌的咖啡店進入日本市場；再者，因爲店員的服務品質不太好，感覺員工教育追不上展店速度。之前星巴克店員的態度給人比較冷淡的感覺，但現在星巴克的服務品質有了驚人的進步。據媒體報導，星巴克全面檢討服務品質，全力克服各種困難，成了企業革新成功的極佳案例之一。

因此，許多企業群起效法星巴克的全新待客之道。就某方面而言，我也很想進入星巴克工作，很好奇星巴克的職場環境是什麼情形，想要一探究竟。

記得我25歲時，麥當勞就好比現在的星巴克。那時的我曾在麥當勞打工，所以很清楚麥當勞非常注重禮貌與貼心的服務；但現在這方面做得最好的應該就屬星巴克了。即使只有一年也好，我很想要一星期到星巴克打工1～2次，相信一定能學到很多東西。

我是個很敏感的人，感覺得到星巴克正努力一步步地拉近與顧客之間的距離。爲什麼我會這麼認爲呢？因爲我常去的那家星巴克，店員都記得我喜歡點什麼，遇到熟客會主動說：「幫您點您常喝的○○，如何？」客人開心之餘，還會順便跟店員聊上兩三句呢。

星巴克這種貼心的服務態度並非逐漸養成，而是讓人忽然感受到他們的轉變，也很佩服他們的勇氣與精神。我想，星巴克一定有將員工如何與客人溝通的待客之道寫成員工守則，還會在店內的公布欄，貼上店員最推薦的產品與個人感想。

雖然每家店的做法都有些差異，但建立服務人員與客人之間的一對一互動關係，這種作法著實創新。星巴克店員在面對客人時，一定會先打聲招呼，光是一句話就讓客人覺得很窩心。基於這個理由，我建議年輕人不妨去像星巴克這麼棒的環境打工，見識一番。

「Apple」與「Google」不是唯一的就業目標

39／50

如果我現在25歲的話，也會很嚮往進入「Apple」與「Google」這些知名企業工作。但因爲我是高中輟學前往美國，連大學也沒上，所以學歷根本過不了門檻，直接投遞履歷是沒有用的。

但我不會因此而放棄，因爲這世上充滿各種機會，有些事情無法預測，或許也還有別的方法。雖然進去的可能性如針孔般微小，但製造機會的方法絕對不只一個。譬如，收購IBM PC部門的中國聯想（Lenovo）集團主席兼董事長楊元慶先生，當初並非以正式員工身分進入公司，而是從工讀生階層開始一路往上爬，最終成爲聯想集團的首腦。

可見工作的敲門磚不只一塊，端看個人的意志與態度如何創造機會，小蝦米也會變成大鯨魚。

我認爲去星巴克打工是最佳的職前訓練，說不定哪一天Apple的高層來店消費，看到我努力工作的模樣，會隨口問我：「你叫什麼名字？」或許就是進入Apple的契機。畢竟人生充滿著無限可能。

不過，就算是大學畢業，若沒有具備兩種以上的外語能力，要想進入一流企業並不是那麼容易的事，況且多的是條件相當優秀的人才。所以我的建議是，不要以競爭對手較多的企業爲目標，雖然無論福利或是發展性一流企業的確令人稱羨，但不是只有進入這樣的公司才有前途可言。

其實，不只一流企業，其他像是拉麵店、連鎖咖啡店等服務業，或是美容沙龍等行業的競爭者也不在少數，要是沒有比別人出色的條件，實在很難脫穎而出。

如果你做的這份工作沒有任何競爭對手，表示你是這份工作的先驅者。所謂沒有競爭對手的工作，就是發現新問題、探究還沒有人發現的需求。而且這般需求與生活息息相關，想想自己每天的生活有什麼令人困擾的地方，或許就能發現開創事業的好點子。

此外，商品化、服務化的「即時性」也是一項值得注意的新興產業。像是近來醫療服務推出的3D列印技術，便是一塊極具發展性的領域。還有以往我們只能知道截至昨天為止的各種資訊；但在進入網際網路時代之後，透過網路隨時都能得知「10分鐘前」的情報。不過，人類的欲望是無止盡的，即時訊息這塊領域的發展，日後勢必益發蓬勃。

至少我認為這塊市場尚未成熟，今後尚有發展空間。建議準備踏入職場的年輕人，不妨考慮這塊還沒有太多人青睞的領域，比起已經發展成熟的公司和行業，選擇別具潛力的新興領域，或許能為自己帶來更多機會。

歷練5年，就可以考慮自立門戶

我想，大家都想趁年輕時闖出一番事業、功成名就；但每件事都有步驟，必須按部就班，計畫才能順利進行。

譬如，大學畢業後就想創業，要是沒有一定的實力與運氣，根本不太可能成功。因此，如果你心裡有個具體目標，就應該先找份工作，才是通往成功的捷徑。不一定非得謀份正職不可，先進入目前最受歡迎的企業打工也行。

在組織中學習工作原則與基本的職場常識與技巧，學習人際關係、理解社會組織架構等，這些都非常重要。累積各種經驗與一定的觀察後，最快五年後就可以開始計劃今後自己要如何創業。

雖說是創業，但不一定要離開公司，也可以選擇在組織中創業，提出自己的企劃案，這也算是另一種型式的創業。

《日本經濟新聞》曾刊載一篇名爲「年輕人創業式微」的報導。

根據報導：「勇於挑戰自己當社長的年輕人越來越少。根據日本政策金融公庫資料顯示，2012年創業的人數，29歲以下的比率爲9.8％，和1990年相比，降低了5％」。

雖說日本長期不景氣，但好歹也是經濟大國，且25歲的社會人士應該不少，薪水也不差才是；但20世代的創業率之所以下降，顯示出新世代年輕人對於未來充滿不安，加上長期不景氣，作風也趨於保守，對將來不抱夢想。

我覺得抱持這樣的想法眞的很可惜，若能打從心底想做些什麼，「努力」加上「意志」，便有可能成就什麼，不是嗎？所以我希望年輕的你能更有志氣一點。

或許你認爲這麼做是在繞遠路，但瞭解社會組織架構絕對是創業的必備工夫。藉由交換名片這般反覆的基本禮節，磨練自己的溝通能力，這種事沒有任何捷徑。學習各種基本工夫與細節，確定自己熟悉之後，再進行接下來的行動。

至少必須花上5年的時間學習，再來思考自己未來要走的路，才是最妥善的作法。在此之前，一定要努力學習，不然就算過了5年，還是什麼都學不好。若想實現自己提出的企劃案，也需要5年左右的時間。或許你覺得時間太長了，但建議還是要投資這一段時間，才能仔細觀察自己所處的職場環境與世界趨勢。立下以5年為目標，訓練精神獨立就對了。

要是沒有訓練自己洞察各項事物的能力，無論做什麼事都很難成功。相反地，只要勤加訓練，成功機率也會跟著提升。

英文絕對是必備利器

41／50

英文是必備利器，今後無論工作還是生活，用到英文的機會將越來越多。要是不會英文，連站上起跑點的資格都沒有，再也沒有比這更叫人扼腕的事了。

綜觀日後的職場環境，與外國人士接觸的機會將越來越多。隨著《跨太平洋夥伴協定》（Trans-Pacific Partnership Agreement, TPP）等法案的推動，可能你的頂頭上司就是外國人，到時若無法充分溝通，無法分享情報資源，你就會成爲職場廢材。

因此，英文對25歲的年輕人來說，絕對是必備利器。或許你現在還無法深刻感受學好英文的重要性，那就當作自我投資吧。能夠與外國人交流，你的世界會變得更加寬廣，自我感覺與價值觀也會隨之改變，所以學習英文眞的很重要。

現在對於英文能力的要求，遠比我25歲那時要來得高。在我們那時代就算沒學過英文也能混口飯吃，但現在25歲的年輕人可就無法逃避英文了。不久後的將來，無論到哪都必須用英文與外國人溝通，就像網際網路普及的現在，若只看得懂本國語言的網站，實在是太可惜了。世界明明爲你開了一扇窗，你卻無法像別人一樣走近，不覺得很不甘心嗎？

像我們出國採訪時，都會有口譯人員或接待人員隨行，其實這樣並不好。往後能夠直接與當地人溝通、交涉、採訪的人，才稱得上是職場的勝利組。

現在有很多人都能說一口流利的英文，履歷表上寫明自己通過TOEIC之類的國際英檢，儼然成爲時勢所趨。

我是到美國生活之後才開始學英文的，因爲是模仿當地朋友的發音與口吻，有些話會說得很怪，所以我到現在還是非常努力地學習英文，修正不對的地方。附帶一提，我還學了中文和法文。

尤其在這競爭激烈的時代，要是不會英文，能夠發揮的範圍就會受限。目前日本ＩＴ相關產業的人力供過於求，薪資也跟著縮水，雖說時勢造英雄，一旦供過於求，價值就會下跌，這就是資本主義結構。

如果我能夠用英文溝通無礙，可能會考慮前往薪資高、生活相對有保障的國家發展。

現在，英文已然成爲世界共通語言，海外也有許多大好機會正等待你去發掘。

景氣低迷的產業，反而更有創新機會

42／50

我認識一位人稱「投資之神」的長輩，從他那堪稱祖師爺級的專業眼光，我學到謀職的訣竅。

這位投資之神曾說：「現在就算是投資最賺錢的企業，也沒什麼甜頭可嘗了。」理由是因爲現在正値巔峰，代表不久後的將來就是谷底。

相反地，他認爲：「日本現在低迷的企業多如牛毛，這樣的產業反而更有機會翻身。」因爲這種公司一定得有一番革新，而且一定要有人帶頭創新。所以要找工作的話，應該要選這種景氣低迷的企業，這說法還挺大膽的，對吧？投資之神還告訴我，這樣才有機會成爲創新者。

若你身爲這種企業的經營者、領導者或經理人，會如何管理公司呢？其實，景氣低迷的企業是一處能將「理想」付諸實行、較容易抓住出頭機會的地方。相反地，在經營成功的企業裡，根本沒有讓你成爲創新者的機會。

那麼，現在哪一個行業最辛苦呢？我認爲是傳播媒體產業。放眼望去，幾乎每個頻道都是搞笑藝人撐場的綜藝節目，不然就是一大堆電視廣告，情報又不夠即時。

事實上，傳播媒體業的黃金期已過，如今是網際網路當道，因此，若我現在要選擇工作的話，我會鎖定電視業，想像自己是製作節目的工作人員，思考如何籌製新節目。

雖然進入知名電視台工作並不容易，但電視業有許多合作的外包廠商，像是製作公司、媒體承包商等。若能進入這些相關合作單位，就有機會成爲革新者。我會選擇先去製作公司打工，並逐步找到往上發展的方法與機會。

不論是進入哪一種類型的產業或是學術界，你都有可能成為革新者。要想成為革新者，除了必須具備行動力與執行力，也要有發現「不合理」之處，導正市場歪風的洞察力。

記得我剛經營二手書店時，便發現一股「不合理」的現象，那就是本來就很有價值，也有人願意以高價收購的書，卻被以非常便宜的價格販售。可見許多景氣低迷的產業，一定存在著類似的問題，我認為這些問題點都是創新價值的機會。

若你想成為革新者，那就以「進入景氣低迷的產業為目標吧！」也請務必參考一下我那位斷言前景榮盛的企業「已無甜頭可嘗」的投資專家前輩的觀點。

改變觀點，才能提升層次

43／50

我從小學開始就經常在想：「爲什麼大人不這麼做？」、「爲什麼沒有人發現這件事？」而且小小年紀的我對自己很有自信，常想著「假設」自己是老師的話，會怎麼做？「假設」自己是校長的話，又會怎麼做？腦子裡總是這麼思索著。

即便長大成人之後，我還是擁有這個習慣。因此，要是我現在是個25歲的上班族，一定會想：「假設我是經營者，我會怎麼做呢？」養成從不同觀點思考事情的習慣，從中發現目前需要什麼，找到問題點，發現新價值。

尤其是面對工作時，培養從不同角度思考事物的習慣眞的很重要。要是沒有試著從「假設」的觀點想像一件事情，勢必難以突破既有框架。

我經常提醒年輕人：「老是站在自己的立場思考每件事，人生永遠無法成長，試著以『假設』的觀點來思考吧！」只要以「假設」自己是經營者或總編輯的立場來思考、行動，一定能發現目前最需要解決的問題。總之，試著改變觀點，一定能帶來好結果。

初到美國，我既不會英文又是亞洲人，有很多先天不足的地方，但還是找到時薪2美元的工作——清運工地的垃圾。這種沒人想做的工作卻成了我的第一份差事。當時美國法律規定最低時薪是4美元50分，像這種連基本工資都沒有的工作，根本不是人做的。那時的我想先找到工作再說，於是決定從這份工作開始累積小成功。

我不管投身哪個行業，都會以「假設」的觀點來思考，「假設」自己是經營者會怎麼做？當然會先從假設自己是部門主管開始思考，再來假設自己是經理人該怎麼做？假設自己是老闆又該怎麼做？循序漸進，試著從不同角度來思考，腦中自然會湧現許多想法，展現令人耳目一新的作風。試著從經營者的觀點來看待事物尤其重要，因爲養成這個習慣，不但讓我的工資調升到時薪12美元，還晉升爲小組長。

若時薪8百日圓的人，能夠以經營者的觀點來思考事情的話，無論是打招呼的方式、行爲舉止、被交辦事情時的態度等，所有反射神經驅使的行爲都會變得不一樣。相反地，若一直覺得自己只是個領時薪8百日圓的小工，工作態度也許永遠都不會改變吧。

可惜鮮少人明白這個道理，即使明白，也不知從何做起。我很想問問現在25歲的年輕人：「假設你是總統，你會怎麼做呢？」只要試著換個立場、改變觀點，驅動自己的想像力，自然就能看清眼前的一切，也能養成隨時都以客觀角度思考事情的習慣。

建立自我品牌，迎來更多機會

44/50

讓別人知道你的存在、瞭解你的想法，是一件很重要的事。

25歲時的我想到的最好方法，就是打造「松浦彌太郎」這個品牌。要是沒有將自己品牌化，就算在公司有出頭的機會，周遭也無法馬上想到「松浦彌太郎」這個利器（機能性、性能）。這麼一來，工作機會不但無法增加，還會喪失發揮實力的機會，實在很可惜。

記得我年輕時，有位前輩要求我：「寫一篇自我介紹吧！」就算是簡單一點的個人簡歷也沒關係。其實自我介紹就是發想如何將自己品牌化，如何讓別人一眼就記住自己，對自己留下深刻印象，因此，試著寫出自己與眾不同的地方。雖然前輩這麼說，我卻遲遲寫不出來。也許現在25歲的你馬上就能寫出來，打造自我品牌是一件非常重要的事，也是瞭解自己的方法之一。

現在透過Facebook、Twitter之類的社群平台，便能向外發聲，也能在上頭書寫詳細的個人資料，好比自己的想法、興趣、從事什麼工作等，這些個人資料就是絕佳的個人品牌策略。只要建立個人品牌，便能迎來更多工作機會或其他機會。

書寫自我介紹時，必須以「想讓對方如何接受自己」爲觀點，將自己想做些什麼之類的訊息，正確地傳達給對方。在社群網路上擁有眾多追蹤者的人，都很勤快地發佈最新動態、專長等，還會時常更新個人資料，進而吸引更多人追蹤。在現代，如何讓不透過面對面交流的人也能認識你，是一件非常重要的事。若想透過自我介紹讓對方留下深刻印象，就必須將自己想做的事、期望的事，坦白如實地傳達給對方。

雖然很多人都有寫部落格的習慣，但不可否認地，人氣部落客比一般人更懂得如何塑造個人品牌。個人品牌確立後，不但能讓別人更加瞭解你，還能立即連結相關人士、情報資訊等。

因此，如果我現在25歲的話，我會寫一篇讓別人一看就知道我是個什麼樣的人、想做些什麼的自我介紹。如何讓透過網路初次接觸的人對你產生興趣，更是一大課題。

順帶一提，我現在都會將自己的個人資料分為兩種，一種是讓初次見面的人可以馬上瞭解我的個人資料；另一種則是介紹自己近況的個人資料，而且這部分會時常更新。

建議大家不妨在名片設計上多花點心思，像是具體傳達自己的想法、想要做些什麼的訊息等，要是沒有抓住每一次能向別人推銷自己的機會，實在非常可惜。

別總是把「沒辦法」、「不會」掛在嘴邊

45／50

17歲那年遠渡美國，之後頻繁往來美國與日本的我，直到22、23歲還是沒辦法說一口流利的英文，經驗和知識也很淺薄，總覺得自己一無是處，自然而然地便將「沒辦法」、「不會」這些消極的字眼掛在嘴邊。

這時，我讀了一本某位腦科學家寫的書，加上自己的研究後才終於明白；原來人類的大腦裡有一塊稱爲「安定領域」的部分，它會記憶自己說過的話，並加以定型。

就算這些話對自己來說並非事實，但經由口，傳入耳，再送達腦部，就會在腦中定型成爲事實。結果本來會的事卻變成不會，也就無法發揮實力，所以大腦其實也會妨礙自己展現實力。因此，這本書提到：「千萬不能將消極的字眼掛在嘴邊」這對當時的我來說，是個莫大的啓發。

自此之後，就算我覺得自己可能做不到，也不會說出「沒辦法」、「我不會」這類消極的字眼，也告訴自己絕對不說什麼「沒時間」、「沒錢」的話，即便賭氣也絕不說出口。因爲我覺得一旦這麼說就沒戲唱了，所以直到現在，還是不會脫口說出這些字眼。

雖然絕大部分的年輕人口袋都不深，但老是將消極的字眼掛在嘴邊，久而久之消極的想法也會深深烙印在腦中。別忘了，我們的大腦會將說過的話定型，一旦被定型，就會束縛自己的能力、行動力與意志。

就算你是現在才知道腦子裡有這麼一塊區域也沒關係，從現在起，停止說這些消極的話語吧。雖然難免有情緒低落，意志消沉的時候，但只要不將其化成言語說出口就行了。若你是那種總是把消極字眼掛在嘴邊的人，勸你趕快改掉這個毛病，因爲一旦深植腦中，就很難根除了。

換個角度剖析我們的大腦結構，也有不少可以好好利用的地方。例如：多說些積極的字眼，腦子就會存入積極的元素。其實人類是很單純的生物，就算每天裝得一副生活愉快的模樣，久而久之心情也會跟著變好，這種現象或許也跟大腦的結構有關。

若總是擺出一副對任何事物都不感興趣的樣子，機會永遠不會到來。反觀總是笑臉迎人、活力充沛的人，人脈和情報資源便會自動匯集。

戒掉老是將消極話語掛在嘴邊的習慣，多說些正面、積極的話，你的人生一定會有所改變。

試著從上位者的高度看事情

46／50

我想告訴25歲左右的你一個基本道理，那就是試著從老闆或頂頭上司的高度看事情，這一點非常重要。

或許你平常少有機會與上頭的人溝通，但其實上司每天都在關注、確認交辦給部屬的各項事務，所以多少有機會與他們接觸。這時，若能展現自己從他們的高度看事情的能力，一定能突顯自己的存在，加深對方對你的印象。

其實，上司不是只看業績與評價，也會觀察部屬的態度與個性，並將這些列入人事考核的重要因素之一，而且這部分與個人的年齡與職銜無關，重要的是能否贏得他人的敬重。

一個人要是不受人敬重，便無法建立信用。至少我認識的大老闆和企業家都是個性率直、讓人敬重的人。由此可見，能夠成為頂尖的人，多是眞誠之人。

某位擁有2百名員工的企業老闆曾告訴我：

「我很尊敬我們公司的一位工讀生，他每次都會大聲地對送東西過來的快遞說：『老是麻煩你，謝謝囉！』真的是一位很有禮貌的人。當我知道以後很感動，也打從心底尊敬他。」

聽到這番話的我也很感動，一個貴爲大老闆，一個是工讀生，兩人的身分地位有著雲泥之差，卻讓我們看到身爲人最眞誠的本性。足見無論處於什麼立場，只要肯用心，都能感動別人。

年輕的你更是要明白這個道理。因此，不論是沏茶也好，整理書櫃也罷，不妨找個理由，訓練自己從上位者的高度看待事情。

這樣並非爲了刻意突顯自己努力做些雜事的模樣，畢竟這種伎倆馬上會被識破；主要是希望讓別人知道你的存在，以及發現你積極的態度。因此，平常就要訓練自己從上位者的高度來看事情。

自從擔任「暮しの手帖」總編輯一職之後，我更有此感觸。其實上頭的人找下面的人談談也不是什麼壞事，沒必要那麼恐懼，只要訓練自己能以上位者的高度看事情，展現對公司、對工作的積極態度就行了。因此，我隨時都會提醒自己，要以上位者的高度看事情。

每天至少閱讀兩份報紙，
並比較報導內容的差異

47/50

雖然現在有很多人都不看報紙，但報紙仍是網際網路與電視的情報來源。所以不管有沒有興趣，我認為25歲左右的年輕人應該養成看報紙的習慣。

每天看報紙不但能了解世界情勢，也能訓練自己的「媒體識讀力（media literacy）」。除了閱讀之外，還要比較兩種報紙內容的差異。我每天都會比較《朝日新聞》和《每日新聞》，刊載在報紙上的報導大略分為「事實」與「意見」兩種，因為報紙上刊載的意見不見得屬實，所以要是不閱讀兩種報紙的話，將很難分辨哪些是事實、哪些純屬個人意見。比較之後，還會發現同樣是事實，寫法卻不同，所以比較報紙是一件很有趣的事。

因為閱讀時難免會對報導存疑，於是靠著自己的探究，逐一破解疑問，從中訓練思考力與洞察力。若沒有餘力多買一份報紙，不妨善用公司、咖啡廳、飯店等有提供報紙的公共場所，也能閱讀到兩種報紙。

我很喜歡看報紙廣告與週日的求職版。基本上，要是景氣差，企業不會刊登廣告，也不會登求才廣告，所以這兩個版是觀察經濟脈動的最佳情報來源。譬如：我看到買下一整版的「黑醋萃取液」廣告，就會好奇這商品爲什麼賣得這麼好，興起想去他們的門市或公司看看的念頭。足以見得報紙也有反映時勢的效用，所以年輕的你更應該養成讀報的習慣。其他像是暢銷書等，同樣也有反映趨勢與社會型態的效用，建議年輕人對於這方面也要留意。

或許現在25歲左右的你會覺得工作很難找，對未來充滿不安，但街上還是看得到很多高級進口車奔馳，難不成，景氣並非想像中那麼不景氣嗎？我很存疑。雖然網際網路已經成爲生活中的必需品，但網路上的資訊十分混雜，很難分辨什麼才是正確的情報。因此，養成看報紙、比較報紙內容的習慣，才能明辨眞實與否。

當然，報紙內容也並非全都正確，所以我不會囫圇吞棗地接收所有資訊。正因爲大環境不景氣，所以將來毫無夢想可言的想法，也許已不知不覺地深植你的腦中；但我希望年輕人能夠打破這樣的迷思，對社會多一點關注。

近來，具名的報導越來越多，所以我會比較寫報導的人，與做決定之人的意見。其實，比較兩份報紙的內容，也是如何分析事物的一種訓練，就算對報導內容存疑也沒關係，只要找到能說服自己的主張或觀點，進一步確認分析，也能提升自己分辨情報的能力。

鍛鍊觀察力

48／50

當年不會說英文、口袋空空還敢飛去美國的我，住在治安不是很好的地區，加上人生地不熟，根本無法預知會發生什麼情況。所以無論是在咖啡館吃早餐、走在路上，甚至坐在飯店大廳休息，都讓我覺得有點害怕。

也因此，那時的我自然而然地練就一走進店裡，便知道店裡的人是如何看待我的瞬間觀察力。譬如：某個人覺得我是進來偷錢的小偷，或是不會說英文的亞洲人等⋯⋯，我的腦子裡浮現出各種想像。

回到日本後，我還是改不掉這個觀察的習慣。雖然在日本根本不需要這麼做，但我連搭電車時，都會觀察周遭有沒有什麼奇怪的人，因此，萬一發生突發狀況時，我一定可以馬上逃離，或是避開較危險的地方。

換句話說，觀察力也是一種防禦方法。

就像我前往美國這個不是自己安身立命之所的國度，不時觀察周遭環境所培養出來的認知力，就是一種自我鍛鍊的方式。雖然那時的我不會說英文，也聽不懂英文，但在交談過程中透過表情與聲調，便能逐漸明瞭對方想傳達些什麼。

多虧這般認知力與觀察力，無論是法文還是中文，我都能大概了解對方的意思。觀察力加上想像力，不斷地訓練自己，這般工夫對於生活或工作都非常重要。

我經常看到25歲左右的年輕人，不論是搭電車或走路都在滑手機，我想，他們大概對周遭不感興趣也不關心吧。我不否認，音樂和遊戲也是一種樂趣，但我覺得最有趣的還是人與風景。對我來說，能讓人不斷探究的事物，遠比具體的事物更有吸引力。而且能夠徹底完成一件事的，大多是習慣觀察人事物的人。

譬如：我每天早上搭六點左右的電車上班，發現早上搭電車的人以男性居多，爲什麼呢？此外，最近在電車上看到很具自我風格的年輕人穿著工地制服，也引發我的好奇心。我會想早上搭電車的多是男性，可能是因爲加強取締路邊停車的緣故；至於穿著工地制服的年輕人，可能是因爲越來越多年輕人還沒找到工作，只好暫時從事勞力工作的關係。

察覺、注意一件事情，然後思考、觀察也是自我訓練的一種方式。無論走在路上還是吃飯時，養成觀察周遭的習慣，也許會爲自己帶來意想不到的收穫，或是發現什麼有助於工作的事。由此可見，關心周遭事物的重要性。

邊走路邊滑手機，只會讓自己錯過有趣的人事物，眞的很可惜。我相信，靈感往往來自對於周遭的觀察。

忠於基本原則

我認爲無論面對任何事，忠於基本原則是最重要的。年輕時的我，經常忽略這個道理，也輕蔑最基本的事情，喜歡自己搞創意、變花樣。然而，輕忽基本原則的結果就是學得不夠紮實。所以學習一件事，還是要從忠於基本原則開始。

好比煮咖哩飯這件事，大家曉得只要照著盒子上寫的方法料理，就能煮出非常美味的咖哩飯嗎？我到現在還記得按照盒子上寫的方法料理，煮出來的咖哩有多麼美味，好吃到令人感動不已。我用自己的舌頭，了解到忠於基本原則的偉大與美好。

可惜絕大多數的人都不會注意到盒子上寫的料理方法，也不會按照上頭寫的步驟來做，所以怎麼煮都煮不出如此美味的咖哩。

自以爲什麼都知道，就想搞創意是行不通的。

以咖哩飯為例，先按照盒子上寫的方法煮個三次，待了解如何煮出美味的咖哩飯之後，第四次再依個人喜好，加些創意，才能讓咖哩飯變得更美味。

我認為無論是學習語文，還是學習任何新事物，先忠於基本原則才能夠學得紮實。

我是那種做任何事都不太會偏離基本架構的人，雖說如此，有時還是多少會表露個人的喜好與欲望。但只要隨時提醒自己別忘了忠於基本原則，就不會相差太遠。其實我想說的是，誠懇面對任何事物就對了。

若非抱著誠懇的心態學習，永遠都學不好。人到了一定年紀，累積一定程度的歷練時，就會明白基本原則的重要；但年輕人往往覺得基本原則既無趣又枯燥，也就容易出錯。

其實，依循基本原則所體驗到的成功滋味，才是最幸福的感覺，所以基本原則十分有趣，一點也不枯燥。

日常生活中也有很多基本原則，雖然大家不會把「身爲社會一份子要怎麼做」、「身爲公司一員該怎麼做」之類的話掛在嘴邊，但大家應該都知道主動打招呼、遵守約定等做人的基本原則。

這些基本原則代表一個人的質感，只要提升自己的質感，就能成功融入社會，贏得好評。

確立自我價值，
時常自我革新

50
／
50

不管是工作還是做任何事，持之以恆是一件非常困難的事，所以我覺得有恆心非常重要。

不只是出版業，電視媒體界亦然。譬如，某段時期密集上電視，還出了很多書的名人，某天卻突然從媒體上消失，這就是被媒體過度「消費」的下場。

在眾多名人之中，我最欣賞媒體工作者池上彰先生的態度。明明出了多本著作，還經常上電視參與談話性節目的他，卻從某個時間點開始減少自己在媒體曝光的機會。我的解讀是，身爲媒體工作者的池上彰先生不希望自己被過度消費，選擇以退爲進的態度。事實證明，日後他只選擇自己認爲必須要上的節目，並參與節目製作、演出等，活躍於各領域。

要想成功，就得靠自己扭轉一切。也就是說，聰明的人曉得如何拿捏其中的損益平衡點。看到如此潔身自愛的池上先生，我也警惕自己絕對不能成爲被過度消費的對象。正因爲明白這個道理，所以必須時常自我革新。

我自己也是常被消費、被視爲商品的一方，因此，我期許能在被看膩之前，找到不同的自己，發現新的想法，一直持續創作下去。爲了讓自己成爲別人眼中的必需品，我一直很認眞地思考究竟該以何種面貌、何種姿態、何種感覺，站在人生舞台。

精神病理學家香山里加小姐和池上彰先生一樣，也是一位善於自我經營的女性。著作豐富的她，除了電視的談話性節目之外，還會投身於社會運動，一直都很活躍，是一位讓我非常佩服的成功人士。我想，香山小姐應該也是那種勤於更新Facebook個人近況，積極拓展新領域的人。

無論是池上先生還是香山小姐，站在人生舞台上的他們總能展現出不同的風貌，這也是我永遠都要學習的課題。

世上有太多事，等待我們去學習。所以25歲的你不妨把自己視爲一件商品，想像自己是擺在水果店的一顆蘋果，思考如何能在一大籃蘋果中脫穎而出，被客人挑中。

凡事衝過頭，只會招致反效果，這是普世皆準的道理。只要按照這個道理、原則看待自己的生活和工作，就不會迷失人生方向。

我以身為日本人為傲

51／50

前面已經寫了我想做的50件事，還有一件是我無論如何都想提出來的。那就是，我想「以身爲日本人爲傲」活下去。

我之所以再次體認身爲日本人的驕傲，其實是拜一篇報導之賜，希望與現正25歲左右的日本年輕人分享，也希望能爲其他國家的年輕人帶來啓發。

2011年3月11日，東日本大地震發生後，世界銀行與國際貨幣基金的員工之間流傳著一封電子郵件，那是前世界銀行副總裁西水美惠子女士翻譯的一篇文章。西水女士於2013年2月開始在《每日新聞》上刊載專欄。電子郵件的主旨是「關於日本人如何面對震災後的生活」，文章題目是「從日本人身上學到的10件事」。

(1)「The Calm＝平靜」看不到他們悲慟地捶胸頓足，幾近發狂的模樣，即便悲傷，仍保持一定的優雅。

(2)「The Dignity＝威嚴」有秩序地排隊領取水與糧食，沒有人口出惡言、做出粗暴的行爲。

(3)「The Ability＝實力」令人驚訝的建築設計力。大樓雖然劇烈搖晃，卻沒有坍塌。

(4)「The Grace＝品格」大家只買自己需要的東西，不會惡意囤積物資。

(5)「The Order＝秩序」沒有發生店鋪遭搶的事件，在路上行駛的車子不會隨意超車、按喇叭，大家都很克制自己的情緒。

(6)「The Sacrifice＝犧牲」有50位核電廠員工爲了用海水冷卻原子爐，而留守核電廠，對於他們的犧牲奉獻，我們能回報些什麼呢？

(7)「The Tenderness＝體貼」餐廳自發性降價，ATM仍正常運作，沒有遭到人爲破壞。有能力的人幫助弱勢者。

(8)「The Training＝訓練」就連老人、小孩都知道自己該做些什麼，每個人都盡力去做自己該做的事。

(9)「The Media＝媒體報導」媒體高度自律，隨時提供最新情報，沒有愚蠢的記者與來賓，只有安撫人心的報導。

(10)「The Conscience＝良心」瞬間停電時，正在排隊結帳的人立刻將手上的商品放回商品架，然後靜靜地步出商店。

在日本發生的事，我有著深深的感觸。（翻譯／西水美惠子）

我知道世界上很多人讀了這篇報導之後，對日本人刮目相看，給予很高的評價。看了這10個世人要向日本人學習的要點，讓身爲日本人的我又有了強烈的自信。

雖然對日本人來說，守秩序、有良心、體貼是理所當然的行爲與態度，但這些特質卻是讓日本邁向世界舞台最強而有力的武器。雖然日本人一向給人不會說英文，缺乏積極性的印象，其實並不然。

下次不妨在介紹自己、說明企劃案時，加入這10個要點中的任何一項吧。這麼一來，便能一掃對於未來感到不安、悲觀、沒有作夢的勇氣、無法登上世界舞台的憂慮。因爲具備這10項美德，我們應該要更有自信地活下去。

後記

每次當我發放獎金給「暮しの手帖」的同仁時，都會逐一面談，親手將明細遞給他們，對他們說聲「謝謝」。還會將對每個人的期望與建議寫下來，當作禮物送給他們。

我試著列舉2013年發放夏季獎金時，勉勵同仁的一些話語。

⑴ 若老是做同樣的事，只會讓自己退步，所以時常自我檢視能力，寫下自己期望達到的目標和課題，然後將過程與結果寫成報告。

⑵ 讓自己成爲別人無法取代的情報來源。

⑶ 努力讓自己的少數意見，成爲將來的多數意見。發掘別人尚

未察覺的「新價值」是一件很重要的事，因此，你的input＝採取行動，output＝改變行動，一定要和別人不一樣。

(4) 養成以更客觀的角度看待、思考事情的習慣。「假設」自己是總編輯、「假設」自己是經營者，會怎麼做呢？如此一來，就能明白現在的你需要什麼，並從中發現新價值。

(5) 無論面對任何事，都要反覆思索「爲什麼？」也就是深究一件事情的本質。唯有養成這習慣，才能分辨事物的本質，理解事物的本質就是邁向成功的捷徑。

爲了避免讓工作夥伴們有小題大作、討人情的感覺，所以我將這些建議逐條寫在紙上，親手交給他們。

第一條講的是老是做同樣的工作，只會讓自己退步。

第二條則是強調培養專長，讓自己成爲無可取代的情報來源。

第三條想要說的是，唯有自我改變，展現行動力，才能發現別人尚未察覺的新價值。

第四條則是強調若沒有養成以客觀角度看待事情的習慣，將永遠無法成長。

第五條則是探究事物的本質，一定能讓自己眼界不同。

我認爲每一條都很重要，尤其是第四條。養成以「假設」的觀點看待事情的習慣，最爲重要。

正因爲我總是以「假設」的觀點看待事情，才會思考「如果我現在25歲，會想做些什麼？」這也是寫作本書的動機。只要一想到如果我現在25歲，能和時下的年輕人聊聊，瞭解他們到底在想些什麼，就會覺得自己像個探險家，而感到十分興奮。

透過此書，讓我覺得自己又成長了不少。我特別希望年輕人瞭解以「假設」的觀點來看待事物的重要性，希望他們能更成熟地看待自己與人生。我想，一個人不管活到幾歲，都應該不斷成長才是。

松浦彌太郎

松浦彌太郎說：
假如我現在 25 歲，最想做的 50 件事。

作　　者 | 松浦彌太郎 Matsuura Yataro
譯　　者 | 楊明綺 Mickey
發 行 人 | 林隆奮 Frank Lin
社　　長 | 蘇國林 Green Su

出版團隊

總 編 輯 | 葉怡慧 Carol Yeh
日文主編 | 許世璇 Kylie Hsu
企劃編輯 | 許世璇 Kylie Hsu
裝幀設計 | 許晉維 Jin Wei Hsu
版面構成 | 譚思敏 Emma Tan

行銷統籌

業務處長 | 吳宗庭 Tim Wu
業務主任 | 蘇倍生 Benson Su
業務專員 | 鍾依娟 Irina Chung
業務秘書 | 陳曉琪 Angel Chen、莊皓雯 Gia Chuang
行銷主任 | 朱韻淑 Vina Ju

發行公司 | 悅知文化　精誠資訊股份有限公司
105台北市松山區復興北路99號12樓
訂購專線 | (02) 2719-8811
訂購傳真 | (02) 2719-7980
專屬網址 | http://www.delightpress.com.tw
悅知客服 | cs@delightpress.com.tw
ISBN：978-986-510-096-4
建議售價 | 新台幣300元　　二版三刷 | 2022年08月

國家圖書館出版品預行編目資料

松浦彌太郎說：假如我現在25歲，最想做的50件事。/ 松浦彌太郎著 ;楊明綺譯. -- 二版. -- 臺北市：精誠資訊, 2020.11
面；　公分
ISBN 978-986-510-096-4(平裝)
1. 自我實現　2. 生活指導

177.2　　109011026

建議分類 | 心靈勵志

本書若有缺頁、破損或裝訂錯誤，請寄回更換
Printed in Taiwan